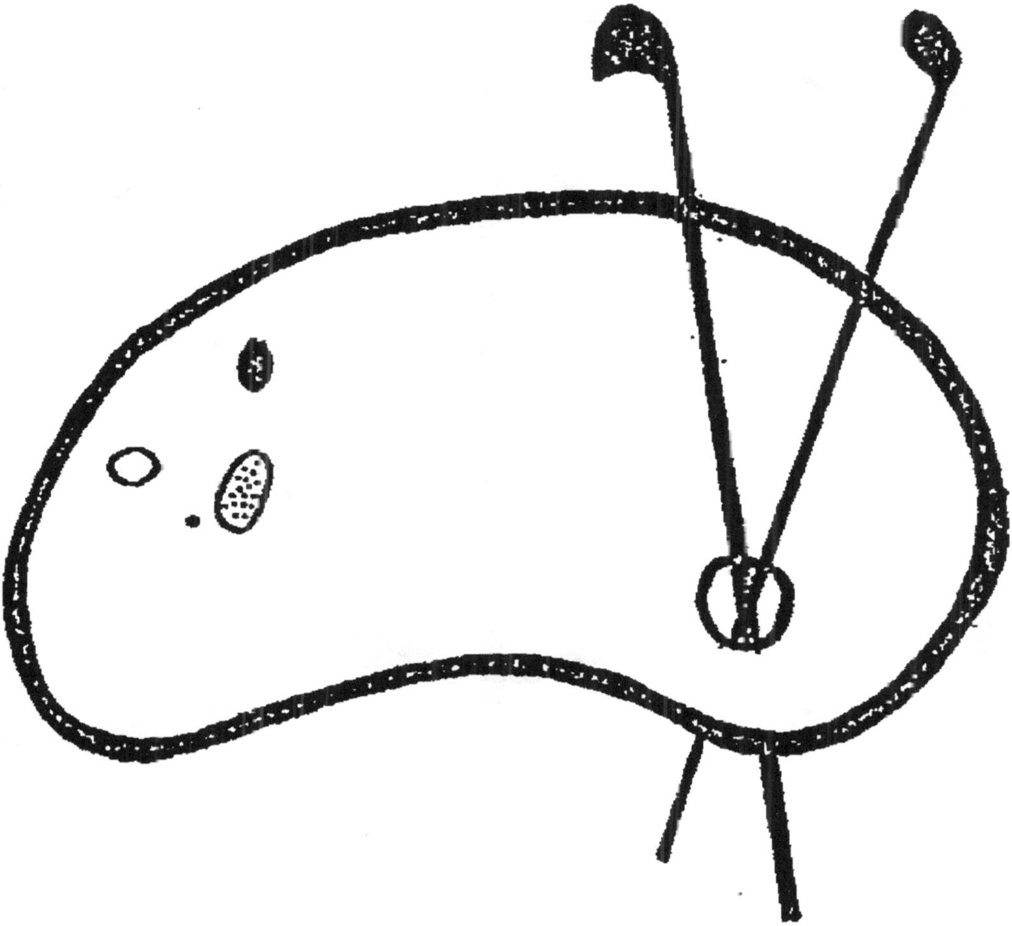

COUVERTURE SUPERIEURE ET INFERIEURE
EN COULEUR

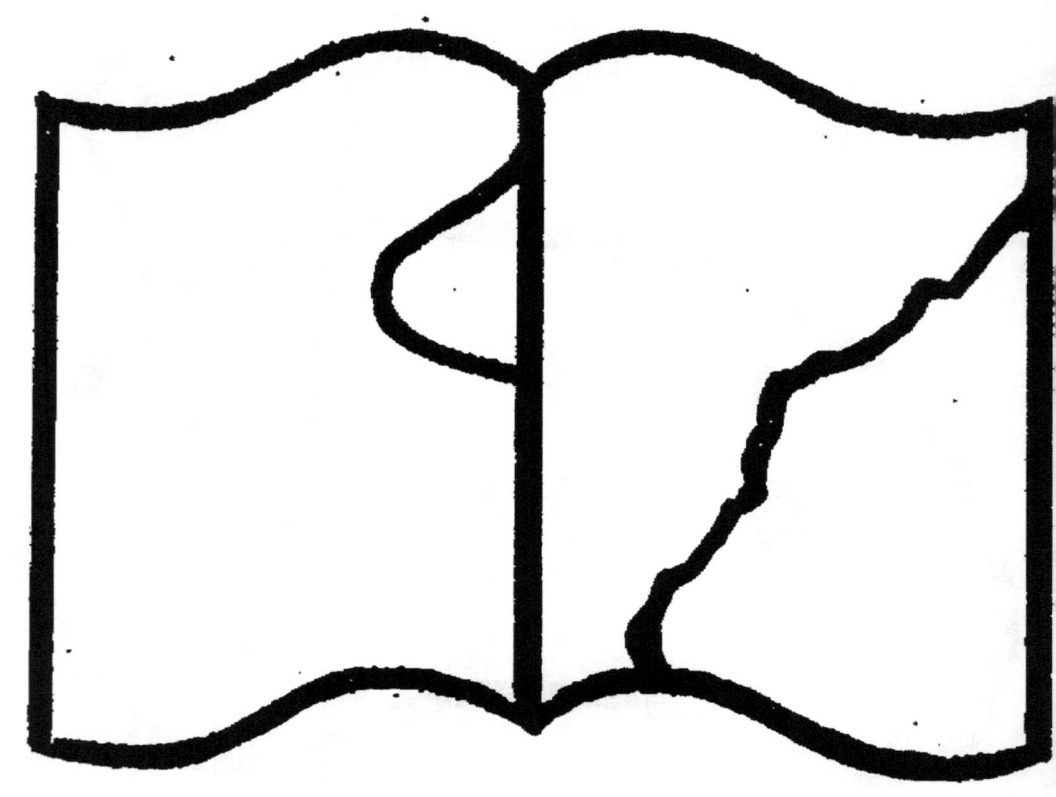

Texte détérioré
Marge(s) coupée(s)

ÉDOUARD LABOULAYE
DE L'INSTITUT

ABDALLAH

OU

LE TRÈFLE A QUATRE FEUILLES

CONTE ARABE

SUIVI DE

AZIZ ET AZIZA

Conte des *Mille et une nuits*

Alláhu Akbar.

SIXIÈME ÉDITION

ORNÉE DU PORTRAIT DE L'AUTEUR

Gravé par M. LEVASSEUR, d'après une photog. de M. NADAR

PARIS

G. CHARPENTIER, ÉDITEUR

13, RUE DE GRENELLE-SAINT-GERMAIN, 13

1877

BIBLIOTHÈQUE-CHARP
13, RUE DE GRENELLE-SAINT-GERMAIN, 13.

EXTRAIT DU CATALOGUE GÉNÉRAL

ROMANS, CONTES, NOUVELLES

	vol.
PAUL ARÈNE	
La Gueuse parfumée, récits provençaux......	1
THÉODORE DE BANVILLE	
Esquisses parisiennes............	1
ERNEST BILLAUDEL	
Le Reliquaire des Hautecloche....	1
Les scrupules de Christine........	1
CHAMPFLEURY	
Les Amoureux de Sainte-Périne. 3ᵉ édition............	1
Les Aventures de mademoiselle Mariette. 6ᵉ édition..........	1
Madame Eugenio............	1
La Comédie académique..........	1
M. de Boisdhyver............	1
La Pasquette............	1
GUSTAVE CLAUDIN	
Trois Roses dans la rue Vivienne..	1
MAXIME DU CAMP	
Mémoires d'un Suicidé.........	1
ERNEST D'HERVILLY	
Contes pour les grandes personnes.	
Mesdames les Parisiennes. 2ᵉ édit..	
Histoires divertissantes.........	
D'Hervilly-Caprices............	
QUATRELLES	
A coups de fusil. 2ᵉ édition.....	
ANDRÉ THEURIET	
Mademoiselle Guignon..........	
Le Mariage de Gérard, suivi de une Ondine............	
La Fortune d'Angèle............	
Raymonde, suivie de Le don Juan de Vireloup............	
AUGUSTE VITU	
Contes à dormir debout.........	

Chacun de ces ouvrages forme un volume et se vend séparément

Prix 3 fr. 50 c.

ENVOI FRANCO CONTRE LE PRIX EN MANDAT-POSTE

Paris. — Imprimerie E. Capiomont et V. Renault, 6, rue des Poitevins.

ABDALLAH

OUVRAGES DU MÊME AUTEUR

PUBLIÉS DANS LA BIBLIOTHÈQUE-CHARPENTIER

à 3 fr. 50 le volume.

CONTES BLEUS. 6e édition..	1 vol.
NOUVEAUX CONTES BLEUS. 3e édition...........................	1 vol.
SOUVENIRS D'UN VOYAGEUR. Nouvelles. 5e édition...........	1 vol.
LE PRINCE-CANICHE. 17e édition...................................	1 vol.
PARIS EN AMÉRIQUE. 31e édition...................................	1 vol.
LE PARTI LIBÉRAL ET SON AVENIR. 8e édition.................	1 vol.
LA LIBERTÉ RELIGIEUSE. 5e édition................................	1 vol.
ÉTUDES MORALES ET POLITIQUES. 5e édition..................	1 vol.
L'ÉTAT ET SES LIMITES. 5e édition.................................	1 vol.
HISTOIRE DES ÉTATS-UNIS D'AMÉRIQUE, depuis les premiers essais de colonisation jusqu'à l'adoption de la constitution féodale (1620-1789). 6e édition....................................	3 vol.
ÉTUDES SUR L'ALLEMAGNE CONTEMPORAINE et les pays slaves. 4e édition...	1 vol.
DISCOURS POPULAIRES, suivis d'une *Rhétorique populaire*. 2e édition...	1 vol.
QUESTIONS CONSTITUTIONNELLES...................................	1 vol.

ÉDOUARD LABOULAYE

DE L'INSTITUT

ABDALLAH

OU

LE TRÈFLE A QUATRE FEUILLES

CONTE ARABE

SUIVI DE

AZIZ ET AZIZA

Conte des *Mille et une nuits*

Alláhu Akbar.

SIXIÈME ÉDITION

ORNÉE DU PORTRAIT DE L'AUTEUR

Gravé par M. LEVASSEUR, d'après une photog. de M. NADAR

PARIS

G. CHARPENTIER, ÉDITEUR

13, RUE DE GRENELLE-SAINT-GERMAIN, 13

1878

Tous droits réservés.

PRÉFACE

DE LA DEUXIÈME ÉDITION

Les auteurs sont comme les pères. L'enfant qu'ils aiment le plus tendrement n'est pas toujours le mieux fait, ni le plus fortuné. Voici un petit livre qui est entré modestement dans le monde; il n'a point fait le tapage de ses frères cadets : *Paris en Amérique* et *le Prince-Caniche;* cependant c'est mon favori ; j'ai pour lui une faiblesse paternelle. Il a été conçu en des jours heureux, quand la vie me souriait encore. Je l'ai porté toute une année dans ma tête, et durant tout ce temps, au milieu de nombreuses occupations, je n'ai pensé qu'à lui, je n'ai aimé que lui. Pour que rien ne manquât à la vérité de mon récit, je me suis entouré de livres arabes et persans, j'ai lu deux fois le Coran, j'ai tâché de vivre par la pensée dans le désert ; il me semble que j'y ai quelquefois réussi, et qu'il est entré dans mon tableau un rayon du soleil d'Orient. Me suis-je trompé, je l'ignore ; j'ai eu cependant cette joie que mon petit roman n'a pas déplu à des voyageurs qui ont vécu sous la tente, et qu'il a trouvé des lecteurs même en pays musulman.

On m'a reproché de surfaire la morale du Coran, on a dit que mon héros était un chrétien et non pas un mahométan ; je n'accepte point cette critique. On ne trouvera pas dans mon livre un précepte qui n'ait été tiré du Coran ou de la tradition, je n'ai pas prêté à mon Abdallah une opinion, un sentiment qui n'ait été emprunté à quelque auteur musulman. On oublie que Mahomet s'est inspiré de la Bible, on oublie plus encore que l'homme trouve en son cœur la loi qui commande le bien et qui flétrit le mal. Il est beau de se réclamer du christianisme, mais il faudrait toujours se souvenir que l'Évangile est la perfection de la nature humaine, et n'en est pas le renversement. Soyons meilleurs que les musulmans, c'est notre devoir, mais ne leur disputons pas leur bonté, ni leur charité.

Veut-on savoir ce que sont les sentiments naturels chez ces Orientaux trop légèrement jugés? Qu'on lise l'histoire d'Aziz et d'Aziza, que j'ai jointe à ce volume. Si je n'avais consulté que mon amour-propre d'auteur, j'aurais évité ce voisinage ; toute imitation pâlit près d'une œuvre originale; mais j'ai pensé surtout au lecteur. Tout en l'amusant j'ai voulu lui montrer une fois de plus combien tous les hommes se ressemblent; le genre humain n'est qu'une famille. A quelque religion qu'on appartienne, on aime, on souffre, on est généreux ou perfide, bon ou méchant. Quelle que soit l'Église où l'on soit né, la conscience déteste l'égoïsme et admire le sacrifice. Divisés par la pensée, nous sommes tous unis par le cœur.

Si cette leçon ressort de mon petit roman, il vaut un traité de morale. Bon pour les délicats de dédaigner les œuvres d'imagination ; pour moi elles tiennent la première place dans l'art et dans la vie. En fait de sentiment, vive la fiction ! c'est le plus court chemin qui mène à la vérité.

Glatigny-Versailles, 20 septembre 1868.

A

M. CAUSSIN DE PERCEVAL

MEMBRE DE L'INSTITUT

Cher Confrère,

Permettez-moi de vous dédier ce conte, à vous qui connaissez si bien les Arabes, et qui nous avez appris à leur rendre justice dans un livre qui est un chef-d'œuvre d'érudition et de vérité[1]. Si graves que soient vos études, vous ave trop longtemps vécu en Orient pour dédaigner

[1] *Essai sur l'Histoire des Arabes.* Paris, 1847. 3 vol. in-8°.

les agréables fantaisies de ce peuple ingénieux. Vous aimez les *Mille et une Nuits*, je le sais ; ne vous défendez pas d'une faiblesse qui est chez vous un héritage de famille. Accueillez donc avec votre bonté habituelle cette traduction d'un original inconnu, et si vous devinez l'auteur de ces rêveries, ce qui ne vous sera pas difficile, gardez-moi un secret que personne ne vous demandera. Comme le Mahomet de Voltaire, qui ne ressemble pas-tout à fait au vôtre, je dis, mais avec moins d'ambition et aussi moins de crainte :

Mon empire est détruit si l'homme est reconnu.

Adieu, cher confrère, aimez-moi comme je vous aime.

Paris, ce 31 décembre 1858.

ABDALLAH

ou

LE TREFLE A QUATRE FEUILLES

CONTE ARABE

PROLOGUE

« Au nom de Dieu, le clément, le miséricordieux, qui nous a donné le roseau pour écrire, et qui chaque jour enseigne à l'homme ce que l'homme ne sait pas[1]. » Ceci n'est pas le roman d'Abou-Zeyd, ni la vie d'Ez-Zahir, ni quelqu'une de ces nobles histoires qu'on déclame et qu'on chante dans les cafés du Caire, aux jours de fête ; c'est le simple récit que Ben-Ahmed le chamelier nous a fait dans le désert,

[1] Coran, XCVI, 3

un soir que nous campions ensemble au puits de la Bénédiction. La nuit avançait, les étoiles s'éteignaient dans le ciel; tout dormait, le vent, la terre, les hommes; Dieu seul regardait la création. Fatigués par la chaleur et le poids du jour, cette histoire était pour nous comme une eau pure qui porte avec elle la fraîcheur et la vie; puisse-t-elle servir à d'autres voyageurs sur la terre et leur verser aussi la paix, le rêve et l'oubli !

CHAPITRE PREMIER

LA JOIE DE LA MAISON

A Djeddah la riche, au bord de la mer Rouge, il n'y a pas encore longtemps que vivait un marchand égyptien nommé Hadji-Mansour. C'était, disait-on, un ancien esclave du grand Ali-Bey, qui dans les guerres d'Égypte avait servi tour à tour, et quelquefois en même temps, les Francs et les Turcs, les Mameloucks et Méhémet-Ali. Pendant la lutte, chaque parti comptait sur lui pour avoir des vivres, des armes, des chameaux, et pourtant, après la bataille, il se plaignait toujours de s'être sacrifié pour le vainqueur. Il est vrai que personne ne montrait alors plus de zèle, et que personne aussi n'obtenait à meilleur prix la dépouille des vaincus. A cet honnête métier, l'obligeant Mansour avait gagné de grandes richesses, non sans quelques ennuis.

Des envieux l'avaient dénoncé comme espion, des fanatiques l'avaient bâtonné comme traître, deux fois même on l'eût pendu sans la charité d'un pacha qui s'était contenté d'un million de piastres pour reconnaître une innocence aussi avérée. Mansour avait l'âme trop haute pour s'effrayer de ces hasards politiques ; si à la paix il s'était retiré à Djeddah, c'est qu'un commerce régulier était désormais la seule voie qui conduisît à la fortune.

Dans ce nouveau genre de vie, Mansour n'avait eu ni moins de prudence ni moins de succès ; c'était un bruit commun que sa maison était pavée d'or et de diamants. On aimait peu l'Égyptien ; c'était un étranger en Arabie, et il passait pour le plus dur des créanciers ; mais à Djeddah on n'ose pas mépriser publiquement un homme qui mesure l'argent au boisseau. Aussi, dès que Mansour paraissait au bazar, chacun courait-il au-devant de lui en se disputant l'honneur de lui tenir l'étrier et de lui baiser la main. Le marchand recevait ces hommages avec la modestie d'un homme qui connait les droits de la richesse; trente ans d'avarice et de ruse avaient mis tous les honnêtes gens à ses pieds.

Une seule chose manquait à ce favori de la fortune et troublait son bonheur ; il n'avait pas d'enfants. Quand il passait devant le comptoir de quelque pauvre confrère, et qu'il apercevait un père entouré de jeunes fils, l'espoir et l'orgueil de la maison, il soupirait de regret et d'envie. Retiré au fond de son magasin, il oubliait sa pipe, et au lieu d'égrener son chapelet ou de réciter quelques versets du Coran, il caressait lentement sa barbe blanchissante. Dans le secret de son cœur, il songeait avec effroi que l'âge approchait, et que pour continuer les affaires après lui, il ne laisserait personne de sa chair et de son sang. Son seul héritier, c'était le pacha, qui pouvait se lasser d'attendre, et alors qui l'empêcherait d'écraser un étranger sans famille et de faire la main basse sur ces trésors si chèrement achetés ?

Ces pensées et ces craintes empoisonnaient la vie de l'Égyptien : aussi quelle ne fut pas sa joie quand une de ses femmes, une Abyssinienne, lui annonça que bientôt il serait père! A cette nouvelle, le bonhomme manqua perdre la tête. Deux fois plus avare et plus avide, depuis qu'il amassait pour le compte de son enfant, il s'enfermait pour compter et peser son or; il dépliait ses riches étoffes, il déterrait ses diamants, ses perles, ses rubis. Ces créatures inanimées, Mansour leur parlait comme si elles pouvaient l'entendre, il leur annonçait le nouveau maître qui les garderait et les aimerait à son tour. Sortait-il dans la ville, il fallait qu'on lui parlât de son fils, car c'était un fils que Dieu devait à son fidèle serviteur : rien n'étonnait plus le marchand que de voir chacun vaquer comme de coutume à son commerce, quand tous les habitants de Djeddah n'auraient dû avoir qu'une pensée : c'est que Dieu, dans sa justice, allait enfin bénir la maison de l'habile et fortuné Mansour.

L'Égyptien ne fut pas trompé dans son attente, et pour que rien ne manquât à son bonheur, il lui naquit un fils à l'heure la plus favorable du mois le mieux choisi. Quand, au huitième jour, il lui fut permis de voir cet enfant si longtemps désiré, ce fut en tremblant qu'il approcha du berceau de palmier tout garni de coton où, sous un mouchoir de soie brodé d'or, reposait l'héritier des Mansour. Il leva doucement le voile et aperçut un enfant presque aussi noir que sa mère, mais fortement constitué, et qui de ses petites mains tirait déjà à lui le coton de son lit. A cette vue, le marchand resta muet d'admiration ; de grosses larmes lui tombèrent des yeux ; puis, faisant effort sur lui-même, il prit le nouveau-né dans ses bras, et l'approchant de ses lèvres : « Dieu est très-grand ! lui murmura-t-il à l'oreille ; j'atteste qu'il n'y a de Dieu que Dieu ; j'atteste que Mahomet est l'apôtre de Dieu. » Plus tranquille après cette prière, il se mit à regarder son fils avec amour. « O présent de Dieu, disait-il, tu n'es qu'un enfant de huit jours, mais à voir ta force et ta grâce, on te prendrait pour un enfant d'une année. Ton visage est brillant comme la pleine lune ! Çà, continua-t-il en se tournant vers la mère, comment l'as-tu nommé ? — Si Dieu m'eût affligée d'une fille, répondit l'Éthiopienne, c'est moi qui lui aurais choisi un nom ; mais puisque j'ai eu la gloire de mettre au monde un homme, c'est à vous qu'appartient cet honneur. Gardez-vous seulement d'un nom trop ambitieux qui puisse éveiller la jalousie du mauvais œil. »

Mansour réfléchissait quand il entendit du bruit dans la rue. Un derviche persan poussait devant lui un âne chargé de quelques provisions, tandis qu'une troupe d'enfants poursuivait l'hérétique et l'accablait d'injures et de coups. En homme qui ne craint ni ne cherche le martyre, le derviche pressait le pas, tout en insultant ses ennemis. « Maudit sois-tu, Omar[1] ! criait-il en frappant le baudet, et soient maudits tous ceux qui te ressemblent. — Voilà, dit Mansour, une nouvelle preuve du bonheur qui me poursuit. Mon fils s'appellera Omar : un pareil nom déroutera le mauvais œil et préservera mon enfant de tout maléfice. »

Comme il remettait le nouveau-né dans son berceau, une Bédouine entra dans la chambre, tenant, elle aussi, un jeune enfant dans les bras. C'était une femme de grande taille, dont la figure était découverte, suivant l'usage du désert. Quoique pauvrement vêtue, elle marchait avec tant de lenteur et de dignité qu'on l'eût prise pour une sultane.

« Halima, lui dit Mansour, je te sais gré d'être venue. Je n'ai pas oublié que Youssouf, ton mari, est mort à mon service, en défendant ma dernière caravane; voici le moment de te prouver

---

[1] Il y a là un jeu de mots qu'on ne peut traduire; *homar*, en arabe, signifie un âne.

que je ne suis pas un ingrat. Tu sais ce que j'attends de toi. Si je ne puis faire de mon enfant un chérif ni lui donner le turban vert, je puis du moins le faire élever comme un fils de chérif, sous la tente, et au milieu des nobles Beni-Ameurs. Admis dans ta famille, nourri avec ton fils, mon cher Omar apprendra un langage plus pur que le mien, et trouvera parmi les tiens des amis qui plus tard le protégeront. De mon côté, je saurai reconnaître et payer ton dévouement. Que l'amitié de nos enfants commence dès aujourdui; que dès aujourd'hui ils dorment dans le même berceau. Demain tu les emmèneras pour qu'ils grandissent ensemble dans la tribu. Omar sera ton fils, comme Abdallah sera le mien ; puisse la fortune leur sourire à tous deux !

— Que Dieu soit leur refuge contre Satan, le maudit, répondit la femme en s'inclinant. Nous sommes à Dieu, nous retournons à lui. »

Mansour la regarda en souriant. C'était un esprit fort qui ne croyait guère à Dieu, quoiqu'il en eût toujours le nom sur les lèvres. Il avait vécu trop longtemps et trop pratiqué les hommes pour croire que Dieu se mêlât beaucoup des affaires de ce monde; en revanche, il croyait fort au diable et il en avait peur. La seule mauvaise action qu'il se reprochât dans toute sa vie, c'était, lors de son pèlerinage à la Mecque, d'avoir jeté sept pierres au grand diable de Jamrat; il craignait toujours la rancune de Satan le lapidé. Sans doute il était fier d'avoir gagné à peu de frais ce beau titre d'Hadji[1] qui le rendait respectable aux yeux de ses clients, c'était avec la plus pure dévotion qu'il parlait de la Caaba[2], ce rubis du paradis que notre père Abraham a placé au saint lieu de la Mecque, mais au fond il n'était pas rassuré sur les suites de son imprudence, et il eût cédé volontiers le nom même d'Hadji pour que le diable lui pardonnât sa témérité.

[1] *Hadji* ou saint est le nom qu'on donne à ceux qui ont fait le pèlerinage de la Mecque.
[2] C'est la maison sainte, ou le temple principal de la Mecque.

CHAPITRE II

L'HOROSCOPE

Le soir même, au moment où la lune se levait et tandis que les deux enfants dormaient paisiblement dans les bras l'un de l'autre, le sage Mansour entra dans la chambre, tirant après lui un derviche en haillons et à barbe sale, qui ressemblait fort à l'hérétique qu'on avait maudit le matin. C'était un de ces mendiants déhontés qui cherchent dans les astres la destinée d'autrui, sans y jamais trouver leur propre fortune, et qui, toujours chassés et honnis, mais toujours employés, dureront aussi longtemps que la malice de Satan ou que l'avarice et la crédulité des hommes. Ce ne fut pas volontiers qu'Halima quitta les enfants pour laisser auprès d'eux cette figure suspecte; mais Mansour l'ordonnait, il fallait obéir. A peine la Bédouine fut-elle sortie, que l'Égyptien mena le derviche auprès du berceau et lui demanda de tirer l'horoscope de son fils.

Après avoir regardé l'enfant avec attention, l'astrologue monta sur le toit de la maison et observa longtemps les astres; puis prenant un charbon, il traça un grand carré qu'il divisa en plusieurs cases, y plaça les planètes, et finit par déclarer que le ciel n'était point défavorable. Si Mars et Vénus étaient indifférents, Mercure, au contraire, se présentait sous un meilleur aspect. C'était tout ce qu'il pouvait dire pour les deux sequins que Mansour lui avait donnés.

Le marchand ramena le devin dans la chambre, et, lui montrant deux larges doublons [1] : « N'y aurait-il pas moyen, lui dit-il, d'en savoir davantage ? Les astres ont-ils déjà livré tous leurs secrets ?

— L'art est infini, répondit le derviche en se jetant sur ce qu'on lui offrait ; je puis te dire en-

---

[1] Le doublon ou l'once d'Espagne vaut environ 80 fr.

core sous l'influence de quel signe cet enfant est destiné à vivre. »

Tirant alors de sa ceinture une tablette cabalistique et une plume de bronze, l'astrologue écrivit le nom de l'enfant et de la mère, en mettant chaque lettre dans un rang distinct ; il fit ensuite le calcul de la valeur numérique des lettres, et regardant Mansour avec des yeux brillants :

« Heureux père, lui dit-il, ton fils est né sous le signe de la Balance ! s'il vit, on peut tout attendre de sa fortune.

— Comment ! s'il vit ? s'écria Mansour ; que lis-tu donc sur cette tablette maudite ? Y a-t-il quelque danger qui menace mon fils ?

— Oui, répondit le derviche, un danger que je ne puis définir ; son meilleur ami sera son plus grand ennemi.

— Holà ! qu'allais-je faire ? dit l'Égyptien ; cet enfant de Bédouin que j'ai placé dans ce berceau serait-il un jour le meurtrier de mon fils ? Si je le croyais, je l'étranglerais sur-le-champ.

— Garde-t'en bien, reprit le devin ; si la vie de ton fils est attachée à celle de cet enfant, que ferais-tu autre chose que de les tuer tous deux du même coup ? Rien ne dit que ce Bédouin, destiné à vivre sous la tente, soit un jour le meilleur ami du plus riche marchand de Djeddah. D'ailleurs y a-t-il un refuge contre le destin ? Change-t-on ce qu'a tracé la plume des anges ? Ce qui est écrit est écrit.

— Sans doute, dit le marchand, mais Dieu (dont le nom soit exalté !) a dit dans le livre par excellence : « Ne vous jetez pas de vos propres « mains dans la perdition [1]. »

— Le jour de la mort, reprit gravement le derviche, est un des cinq mystères dont Dieu s'est réservé la clef [2]. Rappelle-toi l'histoire de l'homme qui était assis auprès de Salomon, le jour où Azrael vint visiter le roi. Effrayé des regards que l'étranger jetait sur lui, l'homme demanda à Salomon quel était ce terrible inconnu. Quand il eut appris que c'était l'ange de la mort : « Il semble, dit-il à Salomon, qu'il veuille me prendre ; ordonne au vent de me porter dans l'Inde ; » et le vent l'emporta. Azrael dit alors à Salomon. « Je regardais cet homme avec étonnement ; j'avais reçu l'ordre de prendre son âme

---

[1] Coran, II, 191.
[2] *Ibid.*, XXXI, 34.

dans l'Inde et je le trouvais dans la Palestine. »

On ne peut fuir la mort. Tôt ou tard, quoi qu'on fasse,
Tombe sur nous ce bras toujours prêt à frapper.
Le plus sage est celui qui le regarde en face,
　　Sans le craindre et sans le braver.

Cela dit, l'astrologue s'inclina pour prendre congé de Mansour, qui le retint par son vêtement.

« Aurais-tu donc quelque autre chose à me demander? dit le derviche, en regardant l'Égyptien avec attention.

— Oui, reprit le marchand; mais je n'ose parler. Cependant puisque tu me sembles un ami, et qu'il y va de l'intérêt de mon fils, tu excuseras la faiblesse d'un père. Un sage comme toi, qui lit dans les astres, doit avoir poussé plus loin la curiosité. On dit qu'il y a des hommes qui à force de science ont découvert le grand nom de Dieu, ce nom qui n'a été révélé qu'aux prophètes et à l'apôtre (qu'il soit béni!), ce nom qui suffit pour ressusciter les morts et tuer les vivants, ce nom qui ébranle le monde, qui force les puissances infernales et Éblis[1] lui-même à

---

[1] C'est un nom de Satan chez les Arabes.

obéir comme un esclave. Connaîtrais-tu par hasard un de ces esprits supérieurs, et crois-tu qu'il refusât d'obliger un homme qui n'a pas la réputation d'être ingrat?

— Tu es la prudence même, reprit à demi-voix l'astrologue en s'approchant de Mansour, on peut se fier à toi ; mais les paroles ne sont que du vent, les plus belles promesses sont comme les rêves qui s'envolent au matin. »

Pour toute réponse, Mansour enfonça son bras droit dans la longue manche du derviche, et plaça un de ses doigts dans la main du devin.

« Une bourse[1], reprit celui-ci d'un ton dédaigneux, c'est le prix d'un chameau. Quel est l'insensé qui, au risque de sa vie, dérangerait Satan pour si peu? »

L'Égyptien allongea un second doigt, en regardant le devin dont la figure avait pris un air d'indifférence ; après un moment de silence, il poussa un long soupir, et étendit le troisième doigt.

« Trois bourses, dit l'astrologue, c'est le prix d'un esclave et d'un infidèle. L'âme d'un mu-

---

[1] La bourse vaut 125 fr. environ.

sulman ne se paye pas d'un tel prix. Séparons-nous, Mansour, et oublions les paroles indiscrètes que tu as prononcées.

— Ne m'abandonne pas ! s'écria le marchand en prenant à pleine main le bras du derviche ; cinq bourses sont une grosse somme et tout ce que je peux offrir. S'il y faut, j'y joins l'offre de mon âme ; le péril commun te répond de ma discrétion.

— Donne donc les cinq bourses, répondit le magicien, mon amitié pour toi fera le reste ; j'avoue ma faiblesse, je n'ai pu te voir sans me sentir entraîné vers toi ; puisse cet abandon ne pas me coûter trop cher ! »

Mansour apporta l'argent ; le derviche le pesa plusieurs fois dans sa main et le mit dans sa ceinture avec la tranquillité d'un grand cœur ; puis prenant la lampe, il fit trois fois le tour du berceau en murmurant des paroles étranges, promena la lumière sur le front de l'enfant, et se prosterna plusieurs fois aux quatre coins de la salle, toujours suivi par Mansour, qui tremblait de crainte et d'anxiété.

Après toutes ces cérémonies, qui parurent bien longues au marchand, le magicien plaça la lampe sur un banc, le long du mur, et tirant de son inépuisable ceinture une petite boîte, il y prit une poudre noire qu'il jeta sur la mèche enflammée. Aussitôt une fumée épaisse, qui semblait sortir du mur, emplit toute la chambre; au milieu de cette fumée Mansour crut entrevoir la figure infernale et les yeux flamboyants d'un Afrite[1]. Le derviche lui saisit le bras, tous deux se jetèrent sur le tapis, le front caché dans leurs mains.

« Parle, dit le derviche d'une voix haletante, parle, et, sous peine de mort, ne lève pas la tête, tu peux former trois vœux, Éblis est venu, Éblis t'exaucera.

— Je voudrais, murmura Mansour, je voudrais que mon fils fût riche toute sa vie.

— Soit! répondit une voix étrange qui semblait partir du fond de la salle, quoique Mansour eût vu l'apparition devant lui.

— Je voudrais encore, ajouta l'Égyptien, que mon fils eût toujours une bonne santé; car, sans la santé, à quoi sert la fortune?

— Soit! répondit la voix. »

[1] Ce sont des génies infernaux.

Il se fit un moment de silence ; Mansour hésitait sur son troisième vœu.

« Lui souhaiterai-je de l'esprit ? pensait-il ; non, il est mon fils, il sera fin comme moi. »

La prédiction du derviche lui revint tout à coup en mémoire.

« Menacé par son meilleur ami, se dit-il, il n'y a pour lui qu'un moyen de salut. C'est de n'aimer personne et de ne songer qu'à lui-même. D'ailleurs à s'inquiéter des autres, la vie se gâte, on n'oblige jamais que des ingrats. Je voudrais, dit-il enfin, que mon fils fût un parfait égoïste.

— Soit ! » répondit la voix avec un cri terrible.

Ce cri fit si grand'peur à l'Égyptien, qu'il resta immobile jusqu'au moment où le devin le tira par un pan de sa robe et lui ordonna de se lever.

Au même moment il sortit de la lampe un jet de flamme. On eût dit que la chambre tout entière prenait feu. Mansour, effrayé de la témérité qu'il avait eue, se précipita vers la porte, pour s'assurer qu'il vivait encore et que rien n'était changé dans sa maison.

Tandis que le derviche remettait son manteau et ses sandales en homme que l'habitude endurcit contre la peur, une femme courut au berceau des enfants. C'était Halima, qui était restée près de la chambre pendant toute la durée de l'enchantement ; la brusque sortie de Mansour l'avait doublement effrayée. Ses regards étaient inquiets, son premier soin fut de mouiller un de ses doigts et de le passer sur le front des enfants en répétant une formule qui déjoue les maléfices. La sérénité du derviche la rassura ; elle s'en voulut d'avoir soupçonné de magie ce pieux personnage qui portait sur sa figure tout le calme de la sainteté. S'approchant de lui avec respect, elle baisa le bord de son manteau.

« Saint homme, lui dit-elle, mon fils est un orphelin, je suis une pauvre femme ; je ne puis donc t'offrir que ma reconnaissance ; mais...

— Bien ! bien ! s'écria l'astrologue ; je sais d'avance ce que tu vas me demander. Que ton fils soit riche, n'est-ce pas ce que tu veux ? Pour cela, qu'as-tu besoin de mon secours ? Fais de ton fils un marchand, et qu'il vole comme le vieux Mansour ; fais-en un bachi-bouzouk et qu'il pille ses frères ; un derviche, et qu'il flatte et qu'il mente ; tous les vices mènent à la fortune, quand on y joint le plus laid de tous, l'avarice. Voilà le secret de la vie. Adieu.

— Ce n'est pas cela que je veux, s'écria la Bédouine étonnée, tu as tort de me railler de la sorte. Mon fils sera un honnête homme comme était son père ; ce que je demande, c'est qu'il soit heureux ici-bas.

— Vertueux et heureux ! dit le derviche, en riant d'une façon étrange, et c'est à moi que tu t'adresses ? Bonne femme, c'est le trèfle à quatre feuilles que tu veux : depuis Adam, personne ne l'a vu. Que ton fils le cherche ; quand il l'aura trouvé, sois sûre que rien ne lui manquera.

— Qu'est-ce que le trèfle à quatre feuilles ? » demanda la mère inquiète ; mais le magicien avait déjà disparu et sans retour. Homme ou démon, personne ne l'a revu. Halima, tout émue, se pencha sur le berceau et regarda son fils qui semblait lui sourire en dormant. « Repose en paix, lui dit-elle, et compte sur mon amour. Je ne sais ce que c'est que ce talisman dont parle le derviche ; mais, fils de mon âme, nous le chercherons ensemble, et quelque chose me dit que tu le trouveras. Satan est fin et l'homme n'est que faiblesse ; mais Dieu règle le cœur de ses fidèles et fait ce qu'il veut. »

CHAPITRE III

ÉDUCATION

En choisissant la Bédouine pour lui confier Omar, Mansour avait donné une nouvelle preuve de sa prudence habituelle. Dès le premier jour, Halima eut pour son nourrisson la tendresse d'une mère; elle le soigna mieux que le propre fruit de ses entrailles. Lui fallait-il sortir de la tente, l'enfant chéri qu'elle portait sur l'épaule ou sur la hanche, c'était toujours le *petit marchand*[1], comme on nommait Omar chez les Beni-Ameurs. Et pourtant quelle différence entre les deux frères! Grand, mince, souple, nerveux, Abdallah, avec ses yeux limpides et son teint doré, eût fait l'orgueil de tous les pères, tandis que le fils de Mansour, avec sa peau noirâtre,

---

[1] *El taqir.*

son cou épais et son gros ventre, n'était qu'un Égyptien fourvoyé dans le désert. Qu'importait à la Bédouine? Ne les avait-elle pas nourris du même lait tous les deux? Qui sait même si, comme une vraie mère, elle n'éprouvait pas une secrète faiblesse pour l'enfant qui avait le plus besoin de son amour?

En grandissant, Abdallah montra bientôt toute la noblesse de sa race. A le voir près de l'Égyptien, on eût dit qu'il se sentait déjà le maître de la tente et qu'il était fier d'exercer les droits de l'hospitalité. Quoiqu'il n'eût que six mois de plus qu'Omar, il s'était fait le gardien et le protecteur de son frère; il n'avait pas de plus grand plaisir que de l'amuser, le servir et le défendre. Dans tous les jeux, dans toutes les fêtes, il lui fallait la première place pour le petit marchand; survenait-il une querelle, c'était toujours lui, et lui seul, qui se battait, adroit, fort et hardi comme un fils du désert.

Omar s'effaçait volontiers derrière Abdallah, comme s'il eût déjà compris tout le parti qu'on peut tirer d'une amitié qui ne calcule pas. Indolent comme un citadin, il ne sortait guère de la tente; le Bédouin courait entre les jambes des cavales, luttait avec les poulains, et grimpait sur les chameaux sans leur faire plier les genoux; l'Égyptien, les jambes croisées sur une natte, passait une grande partie du jour à dormir; il n'avait que du dédain pour ces exploits bruyants qui faisaient la joie d'Abdallah. Se trouvait-il avec d'autres enfants, c'était pour jouer au marchand avec eux; le fils de Mansour avait une adresse singulière pour troquer une datte contre un citron, un citron contre une orange, une orange contre un morceau de corail ou quelque autre bijou. A dix ans, Omar avait déjà deviné que le meilleur usage d'un chapelet, c'est de servir à compter. Du reste, ce n'était pas une âme ingrate; il aimait son frère à sa façon. Il accueillait avec mille caresses Abdallah, qui ne rentrait guère au logis sans y apporter des bananes, des grenades, des abricots ou quelque autre fruit que lui donnaient les femmes du voisinage, charmées de sa grâce et de sa vivacité. A force de tendresse, Omar se faisait toujours offrir ce qu'il convoitait, mais il n'était pas plus satisfait de son habileté que son frère n'était heureux de se laisser dépouiller par celui qu'il aimait. Chacun de nous naît avec sa destinée, qu'il porte au cou comme un lourd collier qui l'entraîne; le renard nourri par une lionne sera toujours un renard, et d'un fils de marchand on ne fera jamais un Bédouin.

A dix ans, grâce aux soins d'Halima, l'éducation d'Abdallah était complète; il savait tout ce que doit savoir un Beni-Ameur. Le fils de Youssouf récitait la généalogie de sa famille et de sa tribu; il connaissait la descendance, le nom, le surnom, le poil et la marque de tous les chevaux; il lisait dans les étoiles l'heure de la nuit; l'ombre lui donnait l'heure du jour. Nul mieux que lui ne faisait mettre à genoux les chameaux; nul ne leur chantait d'une voix plus douce ces chansons plaintives qui leur abrègent la route et leur font allonger le pas, malgré la fatigue et la chaleur. Déjà même il maniait un fusil et jouait du sabre et de la lance comme s'il avait fait dix caravanes. C'était avec des larmes de joie qu'Halima contemplait ce jeune courage, fière d'avoir mis au monde un homme, heureuse de voir que l'enfant qu'elle avait porté serait un jour l'honneur de son peuple et l'amour de sa tribu.

Halima était une vraie musulmane; elle savait qu'il n'y a de sagesse, de force et de consolation qu'en Dieu. Les deux enfants avaient à peine sept ans que déjà elle leur avait appris à faire les cinq prières et les ablutions. Le matin, aussitôt qu'une faible lueur éclairait l'orient, à midi dès que le soleil déclinait, l'après-midi quand les ombres s'allongeaient, le soir quand le soleil s'éteignait à l'horizon, la nuit enfin quand disparaissaient les dernières rougeurs du crépuscule, Omar et Abdallah étendaient à terre le tapis de la prière, et, tournés vers la Mecque, ils répétaient les saintes paroles qui contiennent toute la religion : « J'atteste qu'il n'y a d'autre Dieu que Dieu, et que Mahomet est son prophète. » La prière achevée, Halima aimait à répéter aux enfants les préceptes d'Aicha, préceptes dont elle avait fait la règle de sa vie. — « Fils de mon âme, leur disait-elle, écoutez ce qu'Aicha, l'épouse bien-aimée du Prophète, la vierge incomparable, la mère des croyants, répondait à un musulman qui lui demandait conseil. Retenez ces saintes maximes; c'est l'héritage même de l'apôtre, et a perle de la vérité :

« Reconnaissez qu'il n'y a qu'un seul Dieu.

demeurez fermes dans votre religion, instruisez-vous, retenez votre langue, réprimez votre colère, abstenez-vous de faire le mal, fréquentez les bons, couvrez les défauts de votre prochain, soulagez les pauvres par vos aumônes, et attendez l'éternité pour récompense. »

Ainsi s'élevaient les deux enfants, tous deux entourés d'un même amour, et d'un amour si tendre et si égal, que jamais les deux frères n'avaient douté qu'ils ne fussent du même sang. Un jour vint cependant où il entra sous la tente un vieillard armé d'une tablette de bois peinte en blanc, et sur laquelle on avait tracé en noir d'élégants caractères. Le cheik jouissait d'un grand renom dans la tribu ; on disait qu'il avait jadis étudié au Caire dans El-Azhar la splendide mosquée, la fontaine de lumière qui fait la joie des croyants et le désespoir des infidèles. Il était si savant, qu'il pouvait lire dans le Coran, et reproduire avec un roseau les quatre-vingt-dix-neuf noms de Dieu et le *Fattah*[1]. Au grand étonnement du Bédouin, le vieillard, après avoir

---

[1] C'est le premier chapitre du Coran et la prière habituelle des musulmans.

parlé tout bas avec Halima, qui lui mit une bourse dans la main, ne fit attention qu'au fils de Mansour. Il le caressa avec une tendresse toute paternelle, le fit asseoir à ses côtés, lui mit dans les mains le tableau, et, après lui avoir montré comment on balance la tête et le corps pour aider la mémoire, il lui fit répéter en chantant l'alphabet tout entier. Omar prit un goût si vif à la leçon, que dès le premier jour il apprit la valeur numérique de toutes les lettres; aussi le cheik, en le quittant, l'embrassa-t-il de nouveau en lui promettant que, s'il continuait de la sorte, il serait un jour plus savant que son maître. Sur quoi il sortit sans même regarder Abdallah.

A la fin de cette première leçon donnée à son frère, et dont il eût bien voulu profiter, le pauvre garçon avait le cœur un peu gros; on lui épargna une seconde épreuve. Dès le lendemain on l'envoya aux champs garder les brebis de sa mère. Il n'était pas seul; on l'avait mis sous la conduite d'un oncle maternel, vieux berger, borgne et boiteux, mais homme de bon conseil. Hafiz, ainsi s'appelait le frère d'Halima, était un brave soldat, un pieux musulman, qui avait beaucoup vu et beaucoup souffert. Compagnon de Youssouf, le père d'Abdallah, et blessé près de lui, il était le dernier soutien d'une famille presque détruite; seul et sans enfants, il aimait son neveu comme un père aime son fils.

C'est lui qui s'était opposé à ce qu'on fît d'Abdallah un savant. « Veux-tu, disait-il au jeune Bédouin, veux-tu en savoir plus que le Prophète (que Dieu le favorise et le protége!)? Que liras-tu donc? Le Coran? Est-ce sur un vil chiffon ou dans ton cœur qu'il faut graver la parole sacrée? Des livres étrangers, à quoi bon? Tout n'est-il pas dans le Coran? N'est-ce pas pour les esprits téméraires qui cherchent ailleurs la vérité qu'il est écrit : « Ceux qui cherchent des protecteurs en dehors de Dieu ressemblent à l'araignée qui se construit une demeure; y a-t-il une demeure plus frêle que celle de l'araignée? S'ils le savaient[1]! » — Tous ces gens dont l'esprit est dans les livres sont comme des ânes chargés d'une richesse étrangère, elle ne leur sert de rien qu'à les accabler. L'homme n'est pas né pour amasser les pensées des autres, il est né pour agir.

[1] Coran, XXIX, 40. Traduction de Kazimirski.

Marche en avant, mon fils, avec une âme droite et la crainte du Seigneur. A l'âge de la force, Dieu te donnera la sagesse et la science comme au fils de Jacob. C'est ainsi qu'il récompense les justes; lui-même l'a dit[1]. »

Ces paroles enflammaient le cœur d'Abdallah. Chaque jour, tandis que la chaleur retenait les hommes sous la tente, Hafiz récitait au fils de Youssouf quelques versets du saint livre, et les lui faisait répéter à son tour. C'est ainsi que peu à peu il lui fit apprendre le Coran tout entier, en commençant, après le *Fattah*, par les courts chapitres *des Hommes*, *de l'Aube du jour* et *de l'Unité de Dieu*, en finissant par les longs et beaux enseignements contenus dans les chapitres *des Femmes*, *de la Famille d'Amram* et *de la Vache*. L'enfant était semblable au sable du désert, qui boit toutes les gouttes de pluie sans en perdre une seule; il ne se lassait point de chanter cette prose cadencée, aussi supérieure à la poésie que la parole de Dieu est au-dessus du langage des hommes. Jour et nuit il répétait ces préceptes, où l'éloquence et la sagesse se suivent

---

[1] Coran, XII 22.

et se touchent comme les perles d'un collier. Aussi dès qu'un bon musulman voulait donner une fête à ses compagnons ou honorer la tombe d'un ami, c'était le boiteux et son disciple qu'on choisissait pour leur faire réciter le Coran tout entier ou quelqu'une de ses trente sections. Assis à terre autour du maître et de l'élève, les Beni-Ameurs s'enivraient de la parole divine. « Dieu est grand, s'écriaient-ils ; Gabriel n'était pas plus beau que ce jeune homme quand il déposa sur le cœur du Prophète l'éternelle révélation. »

Ce n'était pas seulement le texte du Coran qu'Hafiz apprenait à son neveu ; il lui répétait les paroles de l'apôtre, que ses amis nous ont conservées. Il lui enseignait les quatre grands devoirs que Dieu impose à tous ceux qui veulent être sauvés : les cinq prières de chaque jour, l'aumône du quarantième, le jeûne du Ramadan, le pèlerinage de la Mecque ; il lui faisait haïr les sept grands péchés, ces péchés qui en engendrent sept cents autres et qui tuent les âmes : l'idolâtrie, ce crime que Dieu, suivant une parole formelle[1], ne pardonne jamais ; le

---

[1] Coran, IV, 51.

meurtre, la fausse accusation d'adultère portée contre une honnête femme, le tort fait aux orphelins, l'usure, la fuite dans une expédition contre les infidèles, la désobéissance aux parents. « O mon fils, lui disait-il en finissant chaque leçon, toi qui par le décret de Dieu as été mis au nombre de ceux qui ont reçu les Écritures, répète chaque jour cette divine promesse qui fait ici-bas toute notre force et tout notre espoir : « Celui qui obéira à Dieu et à l'apôtre ira « avec ceux pour qui Dieu a été miséricordieux, « avec les prophètes, avec les hommes sincères, « avec les martyrs, avec les justes. » Quelle excellente compagnie ! Telle est la bonté de Dieu, et Dieu n'ignore rien [1]. »

Souvent aussi, pour ne pas fatiguer Abdallah, Hafiz entremêlait à son enseignement l'histoire de quelqu'un de ces innombrables prophètes à qui Dieu remettait le dépôt de la vérité, en attendant la venue de Mahomet. C'était Adam notre premier père, à qui Dieu dans sa bonté apprenait le nom de tous les êtres. Sur l'ordre du Seigneur les anges, ces créatures tirées du feu, adoraient

[1] Coran, IV, 71, 72.

l'homme tiré du limon de la terre ; un seul s'y refusait, c'était l'ingrat Éblis, que l'orgueil poussait à sa perte. Par malheur Adam et Ève se laissaient tenter par l'ennemi, ils goûtaient au fruit défendu. Pour les punir de leur désobéissance Dieu les chassait du paradis. Adam était jeté dans l'île de Sérendib, où l'on voit encore la marque de son pied ; Ève tombait à Djeddah pour y vivre deux cents ans dans la solitude, mais le Seigneur avait enfin pitié des deux époux, Gabriel les réunissait sur le mont Arafat, près de ce lieu de prodiges où Abraham et Ismaël devaient fonder la sainte Caaba.

Une autre fois le boiteux disait comment Dieu fit voir à Abraham le royaume des cieux et de la terre, afin qu'il sût la vérité de science certaine. Élevé dans le culte de ses pères, le fils d'Azar adorait les astres. Quand la nuit l'eut environné de ses ombres, il vit une étoile, et s'écria : « Voilà mon maître. » L'étoile disparut ; il dit alors : « Je n'aime point ceux qui disparaissent. » La lune se leva, Abraham dit : « Voilà mon maître ; » mais lorsqu'elle se coucha, il s'écria : « Si mon Seigneur ne m'avait dirigé, je me serais égaré ! » Il vit le soleil se lever, et il dit : « Celui-ci est

mon maître, celui-ci est bien plus grand ! » Mais
lorsque le soleil se coucha, il s'écria : « O mon
peuple ! je suis innocent du culte idolâtre que
vous professez [1]. » Le fils d'Azar avait compris que
les astres semés dans les cieux révèlent une
main suprême, comme les traces laissées sur le
sable attestent le passage du voyageur.

En vrai musulman, Abraham n'était pas plutôt
revenu à la vérité qu'il brisait toutes les idoles
de son peuple, n'épargnant que Baal, au cou du-
quel il suspendait la hache de la destruction. Et
quand les Chaldéens, furieux, lui demandaient
qui avait arrangé leurs dieux de cette façon :
« C'est Baal, disait Abraham, interrogez-le pour
voir s'il vous répondra. — Une idole ne parle
pas, s'écriaient les Chaldéens, et ils se disaient
l'un à l'autre : « Tu es un impie. » Mais qui peut
éclairer ceux qui ont des yeux pour ne point
voir ? La vérité même est une lumière qui les
aveugle. Furieux d'être vaincu par un enfant,
Nemrod, le roi des Chaldéens, faisait jeter Abraham dans un brasier. Vaine cruauté ! c'est l'Éternel qui donne la vie et la mort. Sur l'ordre de

---

[1] Coran, VI, 74-78

Dieu, le feu ne consumait que les infidèles. Pour Abraham, le bûcher se changeait en une fraîche prairie, le feu qui l'entourait n'était plus qu'un buisson plein d'ombre et de fraîcheur. C'est ainsi que le Seigneur relève le juste et abat l'orgueilleux.

Qui pourrait épuiser les saintes histoires que le Coran et la tradition nous ont gardées ! Elles sont plus nombreuses et plus belles que les étoiles dans un ciel d'été. Hafiz les contait telles qu'il les avait reçues de ses pères ; Abdallah les répétait avec la même chaleur et la même foi. C'était David, le roi forgeron, à qui Dieu enseignait l'art de fabriquer des cottes de mailles pour protéger les vrais croyants ; c'était Salomon, à qui le Seigneur soumettait les vents, les oiseaux, les génies. Voici Balkis, la reine de Saba, assise sur son trône d'or et d'argent incrusté de pierreries, elle reçoit la lettre de Salomon qu'un oiseau lui apporte, elle baise ce cachet qui fait trembler Satan, et se fait musulmane à la voix du plus sage des rois. Et les compagnons de la caverne, qui en attendant le règne de la vérité dorment pendant trois cent neuf ans, avec leur fidèle chien El-Rakim, couché à leurs pieds ! Et la chamelle sacrée qu'enfante le rocher lorsque

Saleh veut confondre l'incrédulité des Thalmudites ! Quand Dieu s'est-il lassé de faire des prodiges pour secourir ses fidèles ?

De toutes ces histoires merveilleuses, qu'on écouterait toujours, il en était une qu'Halima redemandait souvent à son fils : c'était celle de Job, cet excellent serviteur, qui du milieu de ses peines aimait à retourner à Dieu. En vain sa femme, lasse de le voir souffrir, consentait à adorer Éblis pour retrouver le bonheur passé, Job refusait le secours de cette main maudite. S'il soulevait sur le fumier son corps rongé des vers, c'était pour crier au Seigneur cette prière touchante qui arrachait à Dieu le pardon du misérable : « Vraiment le mal m'accable, mais tu es le plus miséricordieux de tous ceux qui montrent de la miséricorde [1]. » Belles paroles qu'un vrai croyant pouvait seul prononcer !

Hafiz était un fidèle ; mais c'était aussi un Bédouin fier de sa race, un soldat qui aimait la poudre et le combat. « Songe, mon fils, disait-il souvent à Abdallah, songe aux priviléges que nous a conquis le Prophète et qu'il nous fau‘

Coran, XXI, 83.

défendre jusqu'à la mort. Pour nous rendre la vie facile, Dieu nous a donné les jardins, les sources vives, un bétail innombrable, le dourah[1], le palmier ; pour nous rendre la vie glorieuse, il nous a donné un sang noble, un pays qui n'a jamais été conquis, une liberté que nul maître n'a souillée. Nous sommes les rois du désert. Nos coiffes sont nos diadèmes ; nos tentes sont nos palais ; nos sabres sont nos remparts, la parole même de Dieu est notre loi. Ton père est mort en combattant ; c'est un martyr. Parmi tes aïeux, pour un qui par hasard a fini sous la tente, il en est trois qui sont tombés dans le désert, la lance au poing. Ceux-là te montrent le chemin ; ceux-là ont compris le texte divin : « Que ceux qui sacrifient la vie d'ici-bas à la vie future combattent dans la voie de Dieu. Celui qui se bat pour la religion, qu'il soit tué ou qu'il soit vainqueur, nous lui donnerons une grande récompense. La jouissance de la vie présente est courte ; la vie future est le vrai bien pour ceux qui craignent Dieu[2]. »

---

[1] C'est le sorgho, la plus grande des céréales, que les Indiens et les Arabes consomment comme le maïs et le riz.
[2] Coran, IV, 76-79.

Avez-vous vu le cheval de guerre, lorsqu'au bruit du clairon, il creuse du pied le sable et fronce ses naseaux en feu ? Tel était Abdallah quand Hafiz lui parlait bataille : son cœur palpitait, ses yeux se troublaient, le sang lui montait à la joue : « O mon Dieu ! criait-il, fais que ce soit bientôt mon tour, donne-moi d'écraser l'infidèle et rends-moi digne du peuple où je suis né ! »

Qu'il était beau, cet enfant du désert ! Il fallait le voir, vêtu de sa longue robe bleue serrée à la taille par une tresse de cuir qui lui faisait dix fois le tour du corps. De grands cheveux bruns lui couvraient la figure et bouclaient sur son cou. Sous son capuchon, retenu par une couronne de résine noire, ses yeux brillaient d'un éclat plus doux que ces planètes bleuâtres qui tremblent dans le ciel. Tenant à la main une lance tout entourée de fil d'argent et brillante comme une épée, il marchait lentement avec la grâce d'un enfant et la gravité d'un homme, ne parlant qu'au besoin, ne riant jamais. Quand il revenait du pâturage, portant les petits agneaux dans le pli de sa robe, tandis que les brebis le suivaient en bêlant et en frottant leur tête contre sa main, les bergers ses compagnons s'arrêtaient pour le voir passer ; on eût dit de Joseph adoré par les onze étoiles. Et le soir, au puits commun, quand avec une force au-dessus de son âge il levait la lourde pierre et qu'il abreuvait les troupeaux, les femmes, oubliant d'emplir leurs cruches, s'écriaient : « Il est beau comme était son père, » et les hommes répondaient : « Il sera brave comme lui. »

CHAPITRE IV

UNE RECONNAISSANCE

Depuis le jour où Halima avait emporté sous la tente l'héritier du riche Mansour, le temps avait marché. Omar avait quinze ans, et il ne connaissait pas encore le secret de sa naissance. Plus d'une fois les rudes plaisanteries de ses compagnons lui avaient fait sentir qu'il n'était pas un Beni-Ameur, et que le sang qui coulait dans ses veines n'était pas aussi pur que celui d'Abdallah ; mais quoiqu'on appelât Omar le petit marchand, personne dans la tribu ne savait de qui l'Égyptien était fils ; lui-même se croyait orphelin, recueilli par la bonté d'Halima et destiné à vivre dans le désert.

Un soir que les deux frères rentraient des champs, ils furent surpris de voir à la porte de la tente des chameaux richement harnachés, et devant eux une mule couverte d'un beau tapis, que tenait un nègre vêtu de blanc :

« D'où vient cette mule, dit Omar, et qui a-t-elle amené ?

— C'est la mule de ton père, répondit l'esclave, qui, aux traits du jeune homme, reconnut aisément le fils de Mansour; nous venons de Djeddah pour te chercher.

— Qui donc est mon père? demanda l'Égyptien fort ému.

— Ton père, reprit le noir, est le riche Mansour, le syndic des marchands de Djeddah, le sultan des fils d'Égypte. Il n'entre point dans la rade, il ne sort point des trois portes de la ville un ballot grand ou petit qui ne lui soit d'abord offert et dont il ne dispose comme il veut. A Yambo, à Suez, à Karthoun, au Caire, ton père a de nombreux esclaves qui tiennent ses comptoirs : si grande est sa fortune, que ses serviteurs ne le consultent pas pour toute affaire qui vaut moins de cent mille piastres.

— O mon père, où êtes-vous? s'écria le jeune homme en se précipitant dans la tente. Louange à Dieu, qui m'a donné un père si digne de mon amour! » Et il se jeta dans les bras de Mansour avec une ardeur qui ravit le vieux marchand et fit soupirer Halima.

Dès le lendemain on se mit en route pour Djeddah, au grand chagrin de la Bédouine ; elle ne pouvait se séparer de l'enfant que seule elle avait aimé durant tant d'années. « Adieu mon fils, et plus cher que mon fils, » lui disait-elle en le couvrant de larmes et de caresses. Omar avait plus de courage ; il quittait sa mère avec la joie d'un captif qui retrouve à la fois la liberté et la fortune. Abdallah conduisit son frère jusqu'à la ville, Mansour l'avait voulu. Montrer au Bédouin combien la considération qui s'attache à la richesse dans une ville comme Djeddah élève un marchand au-dessus des pâtres du désert, lui faire sentir que sa mère et lui devaient s'estimer trop heureux d'avoir aimé et servi Omar pendant quinze ans, c'était pour Mansour sa façon de payer la dette de la reconnaissance. Ce n'est que de l'autre côté de la tombe que le riche connaît sa folie et sa vanité.

Arrivé à Djeddah, Omar fit éclater ses transports. C'était un exilé qui rentrait dans sa terre natale. Tout le charmait, les rues étroites avec leurs grandes maisons de pierre, le port où l'on déchargeait des barriques de sucre, des sacs de café, des balles de coton, la foule bigarrée qui se portait vers le bazar. Turcs, Syriens, Grecs, Arabes, Persans, Indiens, noirs de toute nuance ; juifs, pèlerins, derviches, mendiants, riches marchands montés sur leurs mules caparaçonnées ; âniers conduisant des femmes enveloppées dans de grandes mantes noires, et semblables à des fantômes dont on ne voit que les yeux ; chameliers criant au milieu de la foule pour se frayer un chemin ; Arnautes à l'air audacieux et menaçant, fiers de leurs armes damasquinées et de leur fustanelle flottante ; fumeurs pacifiques assis les jambes croisées à la porte des cafés, esclaves menés au marché : tout cela pour Omar c'était un paradis plus beau que ce qu'il avait jamais rêvé. Dans un pareil séjour que ne pouvait-on pas vendre, que ne pouvait-on pas acheter ! En route, n'avait-il pas appris de son père le prix de toutes choses ? Ne savait-il pas déjà à quel taux on payait l'intégrité du cadi, les scrupules des cheyks [1], et la vertu même du pacha ?

Au fond d'une ruelle étroite et sombre on

---

[1] Ce sont les syndics des métiers et les chefs de corporations.

trouva la maison de Mansour. C'était un édifice de peu d'importance ; de la rue on ne voyait rien qu'un rez-de-chaussée obscur ; quelques nattes de jonc jetées le long des murs blanchis à la chaux en faisaient tout l'ornement ; mais au premier étage, soigneusement fermé et garni de fenêtres en treillis qui défiaient le soleil et la curiosité, il y avait de grandes pièces garnies de tapis turcs, entourées de divans de velours brodé d'argent. Les voyageurs n'étaient pas assis qu'on apporta devant eux un guéridon ciselé, chargé de plateaux couverts de gelées de fruits. Tandis qu'un esclave versait de l'eau de rose sur les mains noircies d'Abdallah et lui présentait une serviette à franges d'or, un autre brûlait de l'encens devant le vieux Mansour, qui de la main chassait cette odorante fumée dans sa barbe et dans ses habits. Puis on servit le café dans de petites coupes de Chine, placées dans des tasses d'or découpées à jour ; après le café, on offrit des sorbets exquis, préparés avec le suc des violettes ou avec le jus de grenade exprimé au travers de l'écorce. Enfin trois petits nègres, vêtus d'écarlate et tout couverts de bracelets et de colliers, allumèrent de longues pipes de jasmin et les présentèrent à chacun des convives ; cela fait, les trois amis s'assirent à terre, attentifs et silencieux.

On fuma longtemps sans parler. Mansour jouissait de la joie qu'il voyait chez son fils et de l'admiration qu'il supposait chez Abdallah. Le visage du Bédouin n'avait pas changé ; au milieu de tout ce luxe, il était aussi grave et aussi tranquille qu'au milieu de ses brebis. Qu'est-ce que la parure du monde pour celui qui attend les récompenses durables que Dieu tient en réserve pour les croyants !

« Eh bien, mon fils, dit enfin le vieux Mansour en s'adressant à Abdallah, es-tu content de ton voyage ?

— Père, répondit le jeune homme, je te remercie de ton hospitalité. Ton cœur est encore plus riche que ton trésor.

— Bien, bien ! reprit le marchand ; ce que je te demande, c'est ce que tu penses de Djeddah ; te plairait-il d'y rester avec nous ?

— Non. Cette ville est infecte. L'air y est empesté, l'eau corrompue. Qu'est-ce que ces derviches fainéants qui étalent à tous les yeux leur impudence et leur avidité ? Et ces soldats, dont on ne peut châtier l'insolence avec un coup de sabre? Et ces esclaves qui sont là pour nous ôter l'usage de nos mains, et qui épient nos passions pour les servir? Vive le désert! J'aime mieux nos vents terribles que l'air chaud et lourd de cette prison. Sous la tente il n'y a que des hommes. La lance au poing, chacun se fait justice. On chasse le chien qui mendie par lâcheté, on abat l'orgueilleux qui ne sait pas respecter les gens qui valent mieux que lui.

— Tu parles d'or, mon fils, dit Mansour en peignant avec la main sa longue barbe; un Wahabite ne serait pas plus sévère. Je pensais comme toi, quand j'étais un enfant et que je récitais les leçons de ma nourrice. Reste avec nous quelque temps, fais-toi marchand; quand tu verras comment la fortune donne au dernier des hommes l'autorité, la jeunesse, la vertu; comment les puissants du jour, les femmes et même les saints se mettent à genoux devant ce métal que tu méprises, tu changeras d'avis et tu aimeras jusqu'à la mauvaise odeur des cités. Il est beau de vivre comme l'alouette, libre dans l'espace; mais tôt ou tard on est pris comme elle. Le douro est le roi du monde, et il vient un jour où le plus brave comme le plus habile n'est que le serviteur du plus riche.

— Je sais, reprit fièrement Abdallah, que rien n'assouvit la convoitise des fils d'Adam ; il n'y a que la poussière du tombeau qui leur emplisse le ventre ; mais au désert du moins une once d'honneur vaut encore mieux qu'un quintal d'or. Avec l'aide de Dieu, je vivrai comme ont fait mes aïeux. Qui ne désire rien sera toujours libre. Adieu donc, Mansour ; adieu, mon frère ; aujourd'hui nos chemins se séparent ; puisse la voie que tu prends te conduire au but que tout fidèle doit désirer !

— Adieu, mon bon Abdallah, répondit Omar ; chacun de nous suit sa destinée ; ce qui est écrit est écrit ; tu es né pour vivre sous la tente et moi pour être un marchand. Adieu, je n'oublierai point notre amitié d'enfance ; sois sûr que si jamais j'ai besoin d'un bras vigoureux, c'est à toi que j'aurai recours.

— Merci, mon frère, » s'écria le Bédouin ; et, prenant le fils de Mansour à la ceinture, il l'embrassa tendrement, sans retenir ni cacher ses larmes.

Omar reçut tranquillement ces preuves d'amitié, et quand Abdallah, la tête baissée et l'air abattu, eut quitté la maison en se retournant plus d'une fois : « Çà, dit l'Égyptien à son père. à quoi donc as-tu pensé de me laisser si longtemps chez ce Bédouin ? Si tu étais mort et que je me fusse présenté pour recueillir ta succession, les anciens de la ville auraient dit : « De « toute notre vie nous n'avons connu au vieux « Mansour ni fils ni fille, » et alors qui eût été ton héritier, sinon le pacha ? Mène-moi vite au bazar, présente-moi à tous les marchands tes amis, surtout associe-moi à ta fortune en m'ouvrant un magasin. Je me sens un désir infini de remuer de l'or ; j'ai déjà calculé sous la tente, je sais comment il faut traiter les hommes pour gagner beaucoup en risquant peu. Tu ne rougiras point de ton fils.

— Mon enfant, s'écria Mansour en levant au ciel des mains tremblantes, c'est la sagesse qui parle par ta bouche ; mais le jour est trop avancé pour sortir, et tu n'as pas encore l'habit qui te convient. Demain nous irons au bazar, demain tout Djeddah connaîtra mon bonheur et ma gloire. »

Toute la nuit Omar rêva d'or et d'argent; toute la nuit Mansour s'agita sur son lit sans pouvoir fermer les yeux ; il se voyait renaître en un fils plus fin, plus rusé, plus âpre et plus avare que lui. « Ah ! s'écriait-il dans sa joie, je suis le plus heureux des pères ! Le derviche ne m'a pas trompé ; si mon fils échappe au péril qui le menace, qui peut dire où s'arrêtera la richesse de ma maison ? »

Insensé! tu oubliais que si l'or est une bénédiction pour celui qui le donne, il est un poison pour celui qui le garde. Celui qui loge l'avarice en son cœur y loge l'ennemi des hommes, et malheur à qui choisit Satan pour compagnon!

CHAPITRE V

LE NOUVEAU SALOMON

Le lendemain, dès le point du jour, Mansour mena son fils au bain et le fit habiller comme il convenait à sa nouvelle condition. Une robe de soie, rayée de couleurs vives, et serrée à la taille avec une ceinture de cachemire, un large cafetan du drap le plus moelleux et le plus fin, une calotte blanche brodée, autour de laquelle s'enroulait un turban de mousseline : tel fut le costume élégant qu'apporta le plus habile tailleur de Djeddah. Sous ces habits, les traits de l'Égyptien paraissaient plus durs et son teint plus noir que de coutume ; le tailleur en jugea autrement ; il ne cessait de louer la bonne grâce d'Omar ; et plaignait les dames de la ville qui verraient avec indifférence ce visage plus beau que la lune à son quatorzième jour. Quand il ne resta plus rien du Bédouin de la veille, on servit le déjeuner et on apporta des sorbets ; puis après quelques recommandations du vieux Mansour, Omar, monté sur une mule et se rangeant modestement derrière son père, prit avec lui le chemin du bazar.

L'Égyptien conduisit son fils à une boutique étroite, comme toutes celles du marché, mais pleine d'objets précieux. Châles de l'Inde, satins et brocarts de Chine, tapis de Bassora, yatagans, dans leurs fourreaux d'argent ciselé, pipes garnies d'ambre et ornées de rubis, chapelets de corail noir, colliers de sequins et de perles : tout ce qui séduit les femmes, tout ce qui ruine les hommes, se trouvait dans ce magasin de perdition. Au-devant de la boutique était une estrade de pierre ; Mansour s'assit sur un coussin, les jambes croisées, et alluma sa pipe ; Omar prit son chapelet, et, sans regarder la foule, se mit à réciter ses prières. Cet enfant avait la prudence d'un vieillard.

Quand ils aperçurent le syndic, les marchands se levèrent et vinrent tous ensemble lui réciter le *fattah* et lui souhaiter le bonjour. Chacun d'eux considérait avec surprise le nouveau venu, et demandait tout bas à son voisin quel était cet étranger. Était-ce un parent de l'Égyptien? Était-ce quelque jeune esclave qu'on avait richement habillé pour attirer les chalands? Mansour appela le cheyck à haute voix, et lui montrant Omar.

« Voici, lui dit-il, mon fils, mon associé et mon successeur.

— Ton fils ! dit le cheyk. Qui donc a jamais entendu dire que le riche Mansour avait un héritier ?

— J'ai voulu tromper le mauvais œil, reprit le vieillard ; voilà pourquoi j'ai fait élever mon enfant loin de moi et en secret. Je ne voulais vous le présenter que lorsqu'il tiendrait sa barbe dans la main ; mais je me fais vieux, l'impatience m'a pris, et aujourd'hui, avec votre permission, je l'établis dans le bazar pour qu'il apprenne de vous l'art de vendre et d'acheter.

— Mansour est toujours sage, répondirent les marchands. » Et chacun à l'envi félicita l'heureux père qui avait un pareil fils. Que le Seigneur, s'écriaient-ils, conserve la tige et la branche !

Au milieu de ces vœux qui chatouillaient l'orgueil de l'Égyptien, le cheyk prit la parole :

« Chez nous, dit-il à Mansour, quand il naît un fils ou une fille, le pauvre même invite ses frères à se réjouir avec lui ; nous as-tu donc oubliés ?

— Honorez-moi ce soir de votre visite, répondit le vieillard, vous serez les bienvenus. »

Une heure après, un messager, porteur d'un gros bouquet, faisait le tour du bazar, offrant une fleur à chaque marchand :

« Récite le *fattah* pour le Prophète, lui disait-il ; et quand le marchand avait achevé se prière : Ce soir, ajoutait le messager, rends-toi à la maison de Mansour, et viens-y prendre le café.

— Mansour est le seigneur des hommes généreux, répondait l'invité ; avec l'aide de Dieu, ce soir nous irons saluer le syndic. »

A l'heure dite, l'Égyptien et son fils reçurent les marchands dans le petit jardin, où un festin splendide attendait les convives. Agneaux farcis d'amandes et de pistaches, riz au safran, sauces à la crème relevée de poivre, gelées à la rose, pâtisseries de toute espèce, rien ne fut épargné pour honorer des hôtes aussi considérables. Pour la première fois, Mansour voulut que les pauvres prissent part à sa joie; on leur distribua à la porte les restes du repas avec de menues pièces d'argent; c'en fut assez pour remplir la rue de cris et de bénédictions et pour faire porter jusqu'au bout de Djeddah le nom du généreux Omar et du riche Mansour.

Le café servi et les pipes allumées, le cheyk prit Omar par la main :

« Voici, dit-il aux marchands, le fils de notre ami; il demande à entrer dans notre honorable compagnie. Je prie chacun de vous de réciter le *fattah* pour le Prophète. »

Pendant qu'on disait trois fois la prière, le cheyk noua un châle autour de la taille d'Omar, faisant un nœud après chaque *fattah*. La cérémonie achevée, le jeune homme baisa la main du cheyk et de chacun des assistants, en commençant par le plus âgé. Ses yeux brillaient de plaisir; il était marchand à Djeddah, il était riche, le monde s'ouvrait devant lui.

Le reste de la soirée se passa en conversations qui toutes avaient le négoce pour objet; Omar n'ouvrait pas la bouche, il restait près des anciens, et les anciens ne se lassaient point de parler à un jeune homme qui écoutait avec tant d'attention et de respect. On lui disait comment un bon vendeur doit toujours demander quatre fois le prix de ce qu'on lui marchande, et ne jamais perdre le sang-froid, qui est le secret du métier. Faire le commerce, c'est pêcher à l'hameçon; il faut attirer le chaland et lui rendre la main, jusqu'à ce qu'enfin, ébloui et fatigué, il ne sache plus se défendre. Jouer avec un chapelet, offrir le café ou la pipe, parler de choses indifférentes, ne pas froncer un pli du visage, et cependant enflammer le désir dans l'âme de l'acheteur, c'est un art difficile, qu'on n'apprend pas du premier jour. « Mais, ajoutait-on en caressant Omar, mon fils, tu es à bonne école; il n'est pas de juif ni même d'Arménien qui pût en remontrer au sage Mansour.

— Le commerce n'est-il que cela? disait en son cœur le jeune homme; alors je n'ai pas besoin de ces gens-là. Ne penser qu'à soi, mais y penser toujours, servir les passions ou les faiblesses d'autrui pour tirer à des insensés la richesse qui les affole, je sais cela de naissance, je n'ai pas fait autre chose dans le désert; mes maîtres seront bien habiles si, avant six mois, je ne leur donne une leçon. »

A quelques jours de là, Mansour se rendit auprès du cadi pour un procès dont l'issue ne l'inquiétait que médiocrement. Un entretien secret avec le juge lui donnait quelque confiance en son bon droit. Le vieillard se fit accompagner de son fils, afin de l'habituer de bonne heure à compter avec la justice. C'est dans la cour d'une mosquée que siégeait le cadi, gros homme de bonne mine qui ne pensait à rien et ne parlait guère, ce qui, joint à son large turban et à son air toujours étonné, lui donnait une grande réputation de justice et de gravité. L'audience était nombreuse; les principaux marchands, assis à terre sur des tapis, faisaient un demi-cercle au-devant du magistrat ; Mansour prit place à peu de distance du cheyk. Entre les deux se mit Omar, fort curieux de voir comment on obéit à la loi, et comment au besoin on s'en joue.

La première affaire qu'on appela fut celle d'un jeune Banian, au teint jaune comme une orange, à la ceinture lâche, à la démarche efféminée. C'était un nouveau débarqué de l'Inde, qui se plaignait d'avoir été trompé par un rival de Mansour.

« A Delhi, dans l'héritage de mon père, disait

le jeune homme, j'ai trouvé une cassette pleine de diamants ; je suis parti pour l'Égypte avec l'espoir d'y vivre dans l'opulence en vendant ces bijoux. Obligé par le mauvais temps de relâcher à Djeddah, le plaisir m'a retenu dans la ville ; bientôt j'ai eu besoin d'argent. On m'a assuré que si je voulais me défaire de mes diamants, je trouverais ici un marché avantageux. J'ai été au bazar, j'ai demandé qu'on m'indiquât un acheteur de pierres précieuses. Le plus riche, m'a-t-on dit, est Mansour ; le plus honnête est Ali le joaillier. C'est à ce dernier que je me suis adressé. Dès qu'il a su l'objet de ma visite, il m'a accueilli comme si j'étais son fils : il n'a jamais voulu parler d'affaires au bazar ; il m'a mené dans sa maison. Pendant plusieurs jours il m'a traité généreusement, il a gagné ma confiance par des attentions de toute espèce, il m'a avancé tout l'argent que je lui demandais. A la fin d'un dîner, où je n'avais pas toujours été sobre, il s'est fait apporter la cassette ; il a examiné chacun des diamants qu'elle renfermait ; puis, avec une feinte pitié :

« — Mon fils, m'a-t-il dit, en Arabie et en
« Égypte ces pierres ont peu de valeur : les ro-

« chers du désert nous en fournissent par mil-
« liers, j'en ai des coffres remplis. »

« Pour me prouver ce qu'il avançait, il a ouvert une boîte, en a tiré un diamant plus gros qu'aucun des miens et en a fait cadeau à l'esclave qui m'accompagnait.

« Que vais-je devenir ! me suis-je écrié, je n'ai pas d'autre fortune ; je me croyais riche, me voilà pauvre, seul, loin de ma famille et de mon pays.

« — Mon enfant, m'a répondu le perfide, dès
« que je t'ai vu, je me suis senti de l'amitié pour
« toi. Un musulman abandonne-t-il ses amis
« dans la peine? Laisse-moi cette cassette, et,
« par obligeance, je t'en donnerai un prix que
« personne ne t'offrira. Choisis ce que tu voudras
« dans Djeddah, or, argent, corail, en deux
« heures je m'engage à te fournir poids pour
« poids, ce que tu auras choisi en échange de tes
« pierres indiennes. »

« Rentré chez moi, la nuit m'a fait réfléchir ; j'ai consulté, j'ai bientôt appris qu'Ali s'était moqué de moi. Ce qu'il a donné à l'esclave n'est qu'un morceau de cristal, les diamants sont plus rares à Djeddah que dans l'Inde, et ils valent dix fois le prix de l'or. J'ai réclamé ma cassette, Ali refuse de me la rendre. Vénérable magistrat, je n'ai d'espoir qu'en ta justice. Prends en main la cause d'un étranger, et puisse le traître qui me ruine boire de l'eau bouillante durant toute l'éternité ! »

Ce fut le tour d'Ali de prendre la parole. « Illustre serviteur de Dieu, dit-il au cadi, il n'y a qu'une chose de vraie dans l'histoire que conte ce jeune homme, c'est que nous avons fait un marché et que je suis prêt à le tenir. Tout le reste est invention. Qu'importe ce que j'ai donné à l'esclave? un homme sensé a-t-il pu voir dans ce cadeau autre chose qu'une plaisanterie? Ai-je forcé cet étranger à me laisser sa cassette? Est-ce ma faute si le besoin d'argent lui fait accepter mes conditions? Que vient-il m'accuser de perfidie? est-ce moi qui manque à ma parole? est-ce lui qui tient la sienne?

— Jeune homme, dit le cadi au Banian, as-tu des témoins qui déposent qu'Ali t'a trompé sur le prix de ta marchandise? Si tu n'en as pas, je défère le serment à l'accusé. Ainsi le veut la loi. »

On apporta le Coran, Ali plaça sa main droite

sur le saint livre, et dit par trois fois : « Au nom de Dieu le Grand, et par la parole de Dieu qui est contenue dans le livre, je n'ai pas trompé cet étranger. Je l'affirme aujourd'hui, ajouta-t-il en se tournant vers l'assemblée, comme je l'affirmerai au jour du jugement quand Dieu sera cadi et les anges témoins.

— Malheureux ! dit le Banian, tu es de ceux dont le pied glissera dans l'abîme. Tu perds ton âme.

— Cela se peut, dit tout bas le cheyk à Omar, mais il gagne une grosse fortune. Cet Ali est un habile coquin.

— Ce n'est pas un sot, ajouta Mansour ; la partie n'est pas mal engagée. »

Omar sourit, et tandis qu'Ali jouissait du succès de sa ruse, il s'approcha de l'étranger qui fondait en larmes. « Veux-tu, lui dit-il, que je te fasse gagner ton procès ?

— Oui, s'écria l'Indien ; confonds ce misérable, et demande-moi ensuite tout ce que tu voudras. Mais tu n'es qu'un enfant, tu ne peux rien.

— Je ne te demande que d'avoir confiance en moi, répondit l'Égyptien. Accepte le marché d'Ali, laisse-moi choisir en ta place, et ne crains rien.

— Que puis-je craindre ayant tout perdu? » murmura l'étranger; et il baissa la tête comme un homme qui n'a plus d'espoir.

Cependant il revint devant le cadi, et s'inclinant avec respect : « O mon maître et seigneur, lui dit-il, ton esclave implore de ta miséricorde une dernière faveur; que le marché s'exécute, puisque la loi le veut ainsi; mais permets que ce jeune homme choisisse à ma place ce qu'Ali doit me payer. »

Il se fit un grand silence dans l'assemblée quand Omar prit la parole, après avoir salué le cadi :

« Ali, dit-il au joaillier, tu as sans doute apporté la cassette, tu peux nous en dire le poids?

— La voici, dit le marchand; elle pèse vingt livres; je le répète, choisis ce que tu veux; si la chose demandée se trouve à Djeddah, tu l'auras avant deux heures, sinon marché nul. On sait que ma parole est sacrée, et que je n'y manque jamais.

— Ce qu'il nous faut, dit Omar en élevant la voix, ce sont des ailes de fourmis, moitié mâles et moitié femelles. Tu as deux heures pour nous fournir les vingt livres que tu nous a promises.

— Cela est ridicule! s'écria le joaillier, cela est impossible! Il me faudrait dix personnes et six mois de travail pour satisfaire à cette folle demande. C'est se jouer de la justice que d'apporter ici ces caprices d'enfant.

— Y a-t-il des fourmis ailées dans Djeddah? demanda le cadi.

— Sans doute, répondirent en riant les marchands, c'est notre plaie d'Égypte; nos maisons en sont pleines, ce serait un grand service que de nous en délivrer.

— Alors, reprit le cadi, il faut qu'Ali tienne sa promesse ou qu'il rende la cassette. Ce jeune homme a été fou de vendre ses diamants poids pour poids, il est fou d'exiger un pareil payement. Tant mieux pour Ali la première fois, tant pis pour Ali la seconde. La justice n'a pas deux poids et deux mesures. Tout marché tient devant la loi. Ou fournissez vingt livres d'ailes de fourmis, ou rendez la cassette au Banian.

— C'est sagement jugé, » s'écria l'assistance émerveillée de tant d'équité. L'étranger, hors de lui, embrassa Omar en l'appelant son sauveur et son maître; il ne s'en tint pas là, et tira de la cassette trois diamants de la plus belle eau, gros comme des œufs de rossignol; Omar les mit dans sa ceinture, baisa respectueusement la main droite du Banian et revint s'asseoir près de son père, sans que les regards de l'assemblée lui fissent rien perdre de sa gravité.

« Très-bien, mon fils, lui dit Mansour; mais Ali est un novice; s'il n'eût pas négligé le cadi, il aurait gagné son procès. A mon tour maintenant, profite de la leçon que je vais te donner.

— Halte-là, jeune homme, dit-il à l'Indien qui emportait ses diamants; nous avons un compte à régler. Je prie l'illustre cadi de garder encore un moment cette cassette; peut-être y a-t-il ici des gens qui y ont plus de droit que cet étranger ou que le prudent Ali. »

Ce fut une surprise générale parmi l'assistance; chacun écouta le nouveau prétendant.

« Avant-hier, dit Mansour, une dame voilée est venue au bazar dans ma boutique; elle a demandé à voir des colliers; rien de ce que je lui ai montré ne lui a plu; mais au moment de sortir elle a remarqué dans un coin une boîte cachetée, et m'a prié de l'ouvrir. Cette boîte contenait une parure de topazes dont je ne pouvais disposer; elle était vendue au pacha d'Égypte. Je l'ai dit à la dame, elle a insisté pour qu'on lui montrât au moins ce cadeau destiné aux sultanes. Désir de femme n'est pas chose facile à tromper; il y a, dit-on, trois obstinations invincibles : celle des princes, celle des enfants, celle des femmes; j'ai eu la faiblesse de céder. L'inconnue a regardé le collier, elle l'a essayé, et alors elle m'a déclaré qu'elle le voulait à tout prix. Sur mon refus, elle est sortie en m'accablant de menaces et de malédictions. Une heure après, ce jeune homme est entré dans mon magasin; il m'a dit que la vie de cette dame et la sienne étaient attachées à ce collier; il m'a supplié, il m'a baisé la main, il a pleuré : « Père, » me répétait-il, « demande-moi tout ce que tu « voudras, mais cette parure, il me la faut, ou je « meurs. » Je suis faible avec les jeunes gens, et, tout en songeant combien il est dangereux de mécontenter le pacha, mon maître, je n'ai pu résister à tant de prières. — Prends donc ces topazes, ai-je dit à l'étranger, et promets-moi de me donner en échange ce qui me plaira. « Ma tête même si tu veux, » a-t-il répondu, « car tu me sauves la vie; » et il a emporté le collier. Nous étions sans témoins, ajouta Mansour en se tournant vers le Banian ; mais n'est-ce pas ainsi que les choses se sont passées?

— Oui, dit le jeune homme; excuse-moi si je ne t'ai point satisfait plus tôt. Tu en sais la cause. Maintenant que, grâce à ton fils, j'ai retrouvé ma fortune, demande-moi ce que tu voudras.

— Ce que je veux, dit Mansour en faisant un signe de tête au cadi qui regardait fixement l'ombre d'un palmier ; ce que je veux, c'est cette cassette avec tout ce qu'elle contient. Ce n'est pas trop pour un homme qui, en désobéissant au pacha, risque sa vie. Illustre magistrat, Votre Excellence l'a dit, tout marché tient devant la loi : on m'a promis de me donner ce qui me plairait; je le déclare, la seule chose qui me plaise, ce sont ces diamants. »

Le cadi releva la tête et regarda l'assemblée comme s'il interrogeait tous les visages ; puis il se mit à peigner sa barbe et retomba dans sa méditation.

« Ali est battu, dit le cheyk en souriant à Omar. Il n'est pas encore né, le renard qui sera plus fin que le respectable Mansour.

— Je suis perdu, s'écria le Banian. Omar, ne m'as-tu sauvé que pour me jeter de plus haut dans l'abîme ! Obtiens de ton père qu'il m'épargne ; je te devrai la vie une seconde fois.

— Eh bien, mon fils, dit Mansour, tu es habile, sans doute, mais ceci t'apprendra que ton père en sait un peu plus que toi. Le cadi va prononcer ; essaye donc encore de lui dicter son arrêt.

— Ceci n'est qu'un jeu d'enfant, répondit Omar en haussant les épaules ; puisque tu le désires, mon père, ton procès est perdu. »

Sur quoi il se leva, et, tirant une piastre de sa ceinture, il la mit dans la main de l'Indien qu'il mena devant le juge.

« Illustre cadi, dit-il, ce jeune homme est prêt à tenir son engagement. Voici ce qu'il offre à Mansour. C'est une piastre. En soi la pièce est de peu de valeur[1], mais regarde bien qu'elle est marquée au chiffre du sultan, notre glorieux maître. (Que Dieu écrase et confonde tous ceux qui désobéissent à Sa Hautesse !)

C'est ce chiffre précieux que nous t'offrons.

---

[1] La piastre vaut 20 c.

ajouta Omar, s'adressant à Mansour ; te plaît-il, te voilà payé ; oses-tu dire qu'il te déplaît, c'est une insulte au padischah ; c'est un crime qui emporte la mort ; certes ce n'est pas notre respectable cadi qui se fera ton complice, lui qui a toujours été et qui sera toujours le fidèle serviteur de tous les sultans. »

Quand Omar eut fini de parler, tous les yeux se portèrent sur le cadi ; il était plus impénétrable que jamais et passait lentement la main sur ses lèvres, attendant que le vieillard vînt à son secours : Mansour était ému et embarrassé. Le silence du cadi et de l'assemblée lui faisait peur ; il tourna vers son fils des regards suppliants.

« Mon père, dit Omar, permets à ce jeune homme de te remercier de la leçon de prudence que tu lui as donnée en l'effrayant un peu ; il comprend bien que c'est toi qui m'as envoyé à son secours et que tout ceci n'est qu'un jeu. Personne ne s'y est trompé quand on a vu le fils parler contre le père. Qui donc a jamais douté de l'expérience et de la générosité de Mansour ?

— Personne, interrompit le cadi, qui ressemblait à un homme qu'on réveille en sursaut, et moi moins que personne ; c'est pourquoi je t'ai laissé parler, jeune Salomon. J'ai voulu honorer en toi la sagesse de ton père, mais une autre fois évite de toucher au nom de Sa Hautesse ; il ne faut pas jouer avec la griffe du lion. L'affaire est arrangée. Ce collier vaut cent mille piastres, n'est-ce pas, Mansour ? C'est donc cent mille piastres que ce jeune étourneau te donnera, et nous serons tous satisfaits. »

Malgré sa modestie, Omar ne put se soustraire à la reconnaissance de l'Indien ni aux louanges des marchands. L'étranger voulut à toute force lui remettre sa cassette entre les mains ; on ne put même l'empêcher de prendre la bride de la mule qui portait Omar, et d'accompagner jusqu'au logis celui qu'il nommait le plus généreux et le plus sage des hommes. De leur côté, les marchands ne se lassaient pas de féliciter Mansour ; aujourd'hui même on parle encore à Djeddah de l'audience célèbre où éclata la sagesse de celui que le profond cadi avait si bien nommé le nouveau Salomon.

Une fois rentrés à la maison, Mansour éclata :

« Je ne te comprends pas, mon fils, s'écriat-il ; je tiens une fortune dans mes mains, c'est toi qui me l'arrache. Est-ce ainsi que tu entends les affaires ? Est-ce ainsi que tu me respectes ?

— Patience, mon père, reprit froidement Omar. Aujourd'hui je me suis fait une réputation de prudence et de probité. C'est un bruit qui durera ; c'est une première impression qui ne s'effacera pas. La réputation est une valeur que rien ne remplace, c'est un capital qui vaut mille fois plus que tes diamants. Chacun se défie de l'habile Mansour, mais chacun se confiera, comme a fait cet étranger, à l'honnêteté et à l'intégrité d'Omar. L'amorce est jetée ; viennent les poissons ! »

Mansour resta confondu. Il avait souhaité un fils qui fût digne de lui ; il commençait à craindre qu'Éblis ne l'eût trop exaucé. Sans doute il admirait Omar ; tant de calcul dans un âge si tendre, c'était de quoi ravir un homme qui toute sa vie avait compté. Mais, faut-il l'avouer à la honte du vieillard ? cette expérience précoce lui glaçait le cœur, et, pour tout dire, ce sage de quinze ans l'épouvantait.

CHAPITRE VI

LA VERTU RÉCOMPENSÉE

Rien ne manqua au bonheur de Mansour ; pendant cinq années qu'il vécut encore, le marchand put jouir complétement de l'éducation et des succès de son fils. Il vit tout son commerce passer dans les mains d'Omar ; la richesse de sa maison devint énorme, et, comme toujours, la considération publique grandit en raison de la richesse. Comment Omar n'aurait-il pas réussi ? Il avait tout pour lui : beaucoup d'argent, peu de passions, point de scrupules. Jamais personne n'avait réuni au même degré ce qui fait le génie des affaires : l'amour de l'or et le mépris des hommes. Mansour pouvait donc finir en paix, il avait longtemps vécu, la maladie avait épargné sa vieillesse, ses rêves étaient accomplis ; il laissait après lui un héritier qui garderait et qui augmenterait cette fortune accumulée avec tant de peine ; cependant on assure que l'Égyptien mourut la rage dans le cœur, criant que personne ne l'aimait, maudissant sa folie et tremblant à la vue de ses trésors, comme si déjà cet or chauffé au feu de l'enfer lui brûlait la poitrine et le front.

Ce fut avec une parfaite résignation qu'Omar accepta la mort de son père ; les affaires l'avaient éloigné du lit du mourant, les affaires furent sa consolation ; il avait un courage admirable ; à la vue seule d'une piastre, il séchait ses larmes et étouffait tout son chagrin.

Resté seul avec un si bel héritage, le fils de Mansour ne mit plus de bornes à ses désirs. Rien n'échappait à ses combinaisons ; on eût dit que, retiré dans sa petite maison de Djeddah, comme l'araignée au fond de sa toile, il attirait dans ses filets invisibles toutes les richesses du monde. Riz et sucres de l'Inde, gommes et cafés de l'Yémen, ivoire, poudre d'or, esclaves d'Abyssinie, blés d'Égypte, tissus de Syrie, navires et caravanes, tout arrivait à l'adresse d'Omar. Du reste, jamais homme n'accueillit la fortune avec plus de modestie. Coiffé d'un petit turban, vêtu de vieux habits, à le voir passer dans la rue les yeux baissés et roulant dans les doigts un chapelet de bois, on ne l'eût pas estimé mille piastres. Dans sa conversation, rien ne trahissait le riche; il était familier avec les petites gens, bonhomme et bourru avec ses confrères, flatteur avec ceux dont il attendait quelque chose, respectueux avec tous ceux qui pouvaient lui nuire. A l'en croire, on se trompait beaucoup en lui supposant une grande fortune ; toutes ces marchandises ne lui appartenaient pas ; c'étaient les consignations de correspondants étrangers qui avaient confiance en lui ; mais cette confiance lui coûtait cher, il se plaignait sans cesse d'avoir perdu de l'argent. S'il achetait les plus beaux esclaves, les plus riches parfums, le tabac le plus exquis, les étoffes les plus rares, c'était toujours pour le compte de quelque pacha ou de quelque négociant étranger. On disait tout bas que ces trésors ne sortaient pas de la maison de l'Égyptien (qui peut arrêter la langue des hommes?), mais on n'était sûr de rien. Omar n'avait point d'ami, il faisait toutes ses affaires au bazar et ne recevait personne. Était-il pauvre ou riche, sage ou égoïste, humble ou hypocrite? c'était le secret de Satan.

Sa prudence n'était pas moins grande que sa modestie. A commencer par le pacha, à finir par le chef de douane, il n'y avait pas à Djeddah un officier grand ou petit dont Omar ne connût le porte-pipe, le palefrenier ou l'esclave favori. Il n'aimait pas à donner, il répétait souvent cette sainte maxime du Coran, que les prodigues sont frères de Satan, mais il savait ouvrir la main à propos ; nul ne se repentait d'un service rendu à cet homme de bien. Les pachas passaient vite à Djeddah : le Turc a le bras lourd, les plus riches marchands devaient souvent payer rançon. Seul, le fils de Mansour échappait à ces emprunts, qu'on ne rembourse guère. Au bout de huit jours, de façon ou d'autre, il était l'ami, on disait même le banquier du nouveau gouverneur ; l'orage qui l'avait menacé crevait toujours sur d'autres têtes que la sienne. Aussi était-il pour tous ses confrères un objet d'étonnement et d'envie.

Un jour vint cependant où son étoile s'obscurcit. On rappelait à Constantinople un pacha qui en trois mois avait fait fortune d'une façon un peu trop visible ; son successeur avait reçu l'ordre d'être honnête homme ; on tenait à plaire aux

Francs, dont par malheur on avait besoin, et qui faisaient alors beaucoup de bruit. Tout Turc qu'il était, le nouveau pacha n'ignorait pas comment on se rend agréable en haut lieu. Le lendemain de son arrivée, il prit un déguisement et fit sa provision chez le boulanger et chez le boucher les plus considérables de Djeddah. L'inspecteur du marché[1] était prévenu ; il était dans la rue avec ses grandes balances et ses agents ; on pesa en présence du peuple ce que le pacha venait d'acheter. Il manquait deux onces sur douze livres de pain et une once de viande sur un énorme quartier de mouton. Le crime était flagrant, la justice ne se fit pas attendre. Le pacha accabla de reproches et d'injures les misérables qui s'engraissaient de la sueur du peuple; dans sa juste colère, il ne voulut même pas écouter leur défense; il les fit dépouiller, lier et fustiger devant lui ; puis, sur un ordre exprès, on cloua le boulanger par l'oreille à la porte de sa boutique, et on attacha le boucher à une fenêtre de la grande mosquée, après lui avoir percé le nez d'un fil de fer auquel on pendit l'once de

---

[1] *Mohtesib.*

viande qu'il avait volée. Il n'est pas d'outrage que la foule ne fît souffrir à ces malheureux, mais par toute la ville on glorifiait Dieu ; on ne nommait le pacha que l'ami du peuple, le grand justicier, le nouvel Haroun-al-Raschid, et le récit de cette action vertueuse, après avoir réjoui le sultan, alla jusqu'en Occident pour y confondre et y désespérer les infidèles.

Le soir même plusieurs marchands frétèrent un navire pour l'Égypte ; ils avaient appris tout à coup qu'on avait besoin de leur présence au Caire. Omar, au lieu de s'effrayer, sourit dans sa barbe. « De la vertu, pensait-il, c'est une marchandise qui n'a pas de cours au marché ; aussi quand on en a besoin faut-il la payer cher ; » sur quoi il se rendit au bazar, y rencontra par hasard le secrétaire du pacha, le fit asseoir près de lui, et par mégarde le fit fumer dans une certaine pipe qu'il destinait au sultan.

« C'est toujours un tort que de faire justice au peuple, disait Omar au secrétaire ; une fois qu'on lui a donné de mauvaises habitudes, il devient exigeant. C'est la mort des grandes affaires. » Le secrétaire regardait sa belle pipe et trouvait qu'Omar était un homme de sens.

7.

Hélas! l'Égyptien n'avait que trop raison. Au premier jour de marché, il y eut de l'agitation dans la ville; le blé avait monté de dix piastres par ardeb[1]; des malveillants prétendaient que c'était la faute d'Omar, qui avait tout accaparé. La foule était émue, deux hommes surtout y parlaient avec une extrême vivacité : c'étaient le boucher au nez percé et le boulanger qui n'avait qu'une oreille. Les voleurs de la veille étaient devenus des héros; on les plaignait comme des victimes, et plus ils criaient, plus on admirait leur vertu.

De la parole à l'action il n'y a qu'un pas chez le peuple; on essayait déjà d'enfoncer la maison d'Omar, quand le chef de la police, entouré de soldats, vint chercher le marchand pour le mener devant le pacha. Omar reçut l'officier avec une émotion facile à comprendre, et lui baisa la main comme s'il ne pouvait en détacher ses lèvres; mais le chef de la police retira au plus vite son poing fermé et l'enfonça dans sa ceinture, comme si le baiser d'un coupable l'eût souillé. Toutefois il n'eut ni injures ni mauvais

---

[1] Environ cinq boisseaux.

traitements pour le fils de Mansour, au grand déplaisir de la foule, qui aime la justice et qui n'est pas fâchée de voir écraser un accusé, surtout quand il est riche ; au contraire, plus d'une fois le chef de la police engagea le prisonnier à compter sur l'équité du gouverneur. « Ce qui est écrit est écrit, » répondit l'Égyptien, en tournant son chapelet grain à grain.

Les portes du palais étaient ouvertes, le peuple se précipita dans la cour où siégeait le pacha, grave, impassible, et de la main calmant les passions émues. On fit avancer les deux accusateurs ; le gouverneur leur ordonna de parler sans crainte : « Justice pour tous, dit-il à haute voix, c'est mon devoir. Riche ou pauvre, nul voleur ne trouvera grâce devant moi.

— Dieu est grand et le pacha est juste ! cria la foule ; » sur quoi on poussa devant le tribunal quatre marchands tremblants de peur, qui tous baisèrent le Coran et jurèrent qu'Omar leur avait acheté tous les blés venus d'Égypte.

« A mort ! à mort ! » criait le peuple. Le pacha fit signe qu'il écouterait l'accusé ; le silence s'établit.

« O mon maître et seigneur, s'écria Omar en se prosternant le front contre terre, votre esclave remet sa tête entre vos mains. Dieu aime ceux qui pardonnent ; plus le coupable est petit, plus il est beau de ne pas l'écraser. Salomon lui-même épargna la fourmi. Il est vrai que j'ai acheté quelques charges de blé sur le port de Djeddah, comme tout honnête marchand peut le faire, mais excepté mes ennemis chacun sait ici que c'est pour le compte du sultan notre maître que j'ai fait cet achat. Ce blé est destiné aux troupes que Votre Seigneurie a placées sur la route de la Mecque pour y protéger les pèlerins ; c'est du moins ce que m'a dit le secrétaire de Votre Excellence, quand il m'a remis en votre nom l'argent qu'un pauvre homme comme moi ne pouvait avancer. Que mon maître me pardonne si je ne lui ai pas envoyé plus tôt les mille ardebs de blé qu'il m'a demandés ; le chef de la police dira à Votre Seigneurie que la force seule a pu m'empêcher d'obéir.

— Que parlez-vous de mille ardebs de blé ? dit le gouverneur d'une voix terrible.

— Pardon, seigneur, reprit Omar d'un ton fort ému ; je suis si troublé qu'il m'est difficile de compter juste. C'est, je crois, quinze cents ardebs, ajouta-t-il en regardant la figure contractée du pacha, si même ce n'est pas deux mille.

— C'est trois mille, dit le secrétaire en tendant un papier au gouverneur. Voici l'ordre qu'a reçu cet homme, ordre écrit de ma main et qui porte le cachet de Votre Seigneurie.

— Et les fonds ont été donnés à ce marchand? demanda le pacha d'une voix adoucie.

— Oui, Excellence, dit Omar en saluant de nouveau. Le chef de la police ici présent vous dira qu'il m'a remis cet ordre; le secrétaire de Votre Seigneurie m'a avancé dès hier les deux cent mille piastres dont j'avais besoin pour mes achats. C'est donc deux cent mille piastres ou trois mille ardebs de blé que je dois au pachalik.

— Qu'est-ce donc alors que tout ce bruit? s'écria le pacha en regardant d'un œil farouche les deux accusateurs consternés. Est-ce ainsi qu'on respecte le sultan mon maître? faut-il que les soldats qui protégent le saint pèlerinage meurent de faim dans le désert? Saisissez ces deux drôles, qu'on leur applique à chacun trente coups de bâton. Justice pour tous, point de grâce aux calomniateurs. Accuser un innocent, c'est lui ôter plus que la vie.

— Bien dit, cria l'assemblée ; le pacha a raison. »

La sentence prononcée, le boucher fut saisi par quatre soldats, qui ne craignaient pas de se faire justice dans leur propre cause. On passa les pieds du patient dans une corde à nœuds coulants, attachée à une barre de bois ; puis un des Arnautes, armé d'un bâton, lui frappa de toute sa force sur la plante des pieds. Le boucher était un brave à sa façon ; il compta à haute voix chacun des coups qu'il recevait, et, le supplice achevé, il sortit sans se plaindre, porté sur les bras de ses amis, et lançant à Omar des regards furieux.

L'homme à l'oreille déchirée était moins résolu ; chaque fois qu'on le touchait, il poussait un : Allah ! à fendre le cœur. Au douzième coup, Omar baisa la terre devant le pacha et demanda la grâce du coupable, ce qui lui fut gracieusement accordé. Il ne s'en tint pas là ; il mit visiblement un douro dans la main du blessé et déclara qu'il lui restait trente ardebs de blé, dont il ferait cadeau aux plus pauvres. Aussi rentrat-il chez lui accompagné par les bénédictions de ceux mêmes qui, une heure auparavant, voulaient le mettre en pièces. Louanges ou menaces, il reçut tout avec la même humilité ou la même indifférence.

« Dieu soit loué ! dit-il en rentrant chez lui, le pacha s'est fait la part un peu forte, mais à présent je le tiens. »

Tranquille de ce côté, le fils de Mansour reprit ses ingénieuses combinaisons. Grâce à lui, Djeddah s'enrichissait tous les jours. Un matin, en s'éveillant, les trafiquants d'esclaves apprirent avec joie que le prix de leur marchandise avait doublé ; par malheur ils avaient tout vendu de l'avant-veille. Sur des ordres venus d'Égypte, Omar avait tout acheté. Le mois suivant, ce fut le tour du riz ; puis du tabac, de la cire, du café, du sucre, de la poudre. Tout augmentait de valeur ; mais c'étaient toujours les commettants d'Omar qui profitaient de cette hausse subite. Djeddah devint ainsi un marché opulent, la richesse y était si grande que les petites gens n'y pouvaient plus vivre, mais les habiles y faisaient fortune en achetant les bonnes grâces de l'Égyptien.

Pour lui, assis tous les jours à son comptoir et plus que jamais doux et mielleux avec ceux dont il avait besoin, il passait les heures à compter sur son chapelet les millions de piastres qu'il amassait de tous côtés. Il se disait au fond du cœur que, tout méprisé qu'il fût, il était le maître des hommes, et que s'il avait besoin du sultan pour réussir dans ses affaires, il avait assez d'argent pour acheter le sultan et le sérail par-dessus le marché.

On n'est pas riche impunément. La fortune ne se cache pas plus que la fumée ! Malgré toute son humilité, Omar reçut une invitation du grand chérif de la Mecque. On le priait de venir à Taïf pour un service important que lui seul, disait-on, pouvait rendre au descendant du Prophète. Le marchand fut moins touché de l'honneur qu'on lui faisait qu'effrayé du service qu'on pouvait lui demander. « Le riche, se disait-il, a deux sortes d'ennemis : les pauvres et les grands. Les premiers sont comme la fourmi : grain à grain ils vident la maison ; les seconds sont comme le lion, ce roi des voleurs : d'un seul coup de griffe ils nous écorchent. Mais avec de la patience et de la ruse on se débarrasse du lion plus aisément que de la fourmi. Sachons ce que désire le chérif; s'il veut me tromper, je ne serai pas sa dupe; s'il paye, il en aura pour son argent. »

C'est avec ce respect pour le chef des croyants qu'Omar prit la route de Taïf; la vue du désert donna bientôt un autre cours à ses idées; les tentes, les bouquets de palmiers jetés dans les sables lui rappelaient son enfance; pour la première fois son frère Abdallah lui revint en mémoire. « Qui sait, pensa-t-il, si par hasard je n'aurai pas besoin de lui? »

CHAPITRE VII

BARSIM

Tandis que le fils de Mansour s'abandonnait à la convoitise, comme s'il ne devait jamais mourir, Abdallah grandissait en piété, en sagesse et en vertu. Il avait pris la profession de son père, et conduisait les caravanes entre Yambo, Médine et la Mecque. Ardent comme le jeune cheval qui jette au vent sa crinière, prudent comme une barbe grise, il avait gagné la confiance des marchands les plus considérables. Malgré sa jeunesse, c'était lui qu'on recommandait de préférence aux pèlerins, lorsqu'au mois sacré les croyants accouraient de tous les points du monde pour tourner sept fois autour de la sainte Caaba, camper au mont Arafat et sacrifier dans la vallée de la Mina. Ces voyages n'étaient pas sans péril : plus d'une fois le Bédouin avait risqué sa vie pour protéger ceux qu'il prenait sous sa garde ; mais il s'était si bien battu, que sur toute la route on commençait à le craindre et à le respecter. Le vieil Hafiz ne quittait point son élève ; tout estropié qu'il fût, il ne lui était pas inutile. Partout où il y a des hommes, on trouve des cœurs résolus et des bras vaillants ; on ne trouve pas toujours un ami fidèle et un sage conseil.

Cette vie mêlée de repos et d'alarmes, de paix et de dangers, souriait au fils de Youssouf. Vivre en brave et au besoin mourir en soldat, comme avait fait son père, c'était la seule ambition d'Abdallah. Sa pensée n'allait pas plus loin. Cependant il y avait un nuage dans cette âme sereine. Halima avait parlé du derviche, l'enfant du désert songeait toujours à cette herbe mystérieuse qui donnait le bonheur et la vertu.

Hafiz, le premier à qui Abdallah ouvrit son cœur, ne vit dans cette pensée qu'une séduction de Satan.

« A quoi te tourmenter ? répétait-il au jeune homme. Dans le Coran, Dieu nous dit comment on lui plaît ; Dieu n'a pas deux volontés ; faisons ce qu'il ordonne, et ne nous inquiétons pas du reste; il n'a pas besoin de nous pour mener les choses à leur fin. »

Ces paroles n'apaisaient point la curiosité d'Abdallah. Hafiz lui avait conté tant de merveilles dont il ne doutait pas ! pourquoi ce talisman ne serait-il pas vrai ? pourquoi un fidèle ne pourrait-il pas le conquérir ? « Nous autres, gens de la tente, pensait le Bédouin, nous ne sommes que des ignorants ; qui m'empêche d'interroger les pèlerins ? Dieu a semé la vérité par toute la terre ; qui sait si quelque hadji de l'Orient ou de l'Occident ne connaît pas le secret que je cherche ? Ce n'est pas au hasard que le derviche a répondu à ma mère ; avec l'aide de Dieu je trouverai le droit chemin. »

A quelque temps de là, le Bédouin conduisait à la Mecque une caravane de pèlerins venus d'Égypte. En tête de la troupe était un médecin qui parlait beaucoup, riait sans cesse et ne doutait de rien. C'était, disait-on, un Franc qui avait abjuré l'erreur pour entrer au service du pacha ; Abdallah résolut de l'interroger.

En passant près d'une prairie il cueillit un pied de trèfle en fleur, et le présentant à l'étranger :

« Dans ton pays, lui dit-il, connaît-on cette herbe?

— Sans doute, répondit le médecin ; c'est ce que vous nommez *barsim*, et nous *trifolium*. C'est le trèfle d'Alexandrie, famille des légumineuses, calice tubulaire, corolle persistante, feuilles divisées en trois segments ou folioles, quelquefois en quatre et même en cinq, mais c'est là une exception, ou, comme nous disons, un monstre.

— Dans ton pays il n'y a donc pas de trèfle qui ait toujours quatre feuilles?

— Non, jeune savant, ni dans mon pays ni ailleurs. Pourquoi cette question? »

Quand il eut reçu la confidence d'Abdallah, l'étranger se prit à rire. « Enfant, lui dit-il, le derviche s'est moqué de ta mère. Elle lui a demandé l'impossible, c'est l'impossible qu'il lui a promis.

— Pourquoi Dieu ne créerait-il pas un trèfle à quatre feuilles, si Dieu le voulait? demanda le Bédouin, que le sourire dédaigneux de l'étranger avait blessé.

— Pourquoi, jeune homme? parce qu'à un jour donné la terre a produit toutes les plantes, en vertu d'une force germinative qui s'est épui-

8.

sée. Depuis le temps du roi Salomon il n'y a plus rien de nouveau sous le soleil.

— Et si Dieu veut faire un miracle, interrompit Hafiz, qui s'était approché des voyageurs. Dieu est-il épuisé? Celui qui dans l'espace de deux jours a tiré de la fumée les sept cieux et les sept terres, et les a placés à la distance de cinq cents journées de marche l'un de l'autre; celui qui a ordonné à la nuit d'envelopper le jour, celui qui a semé partout la vie, ne peut-il ajouter un brin d'herbe nouvelle à ces millions de plantes qu'il a créées pour la nourriture et le plaisir des hommes?

— Certes, dit le médecin d'un ton railleur, je suis trop bon musulman pour prétendre le contraire. Dieu pourrait aussi envoyer son tonnerre pour allumer ma pipe qui vient de s'éteindre; mais Dieu ne le veut pas; tout au contraire il veut que je te demande un peu d'amadou et de feu. » Sur quoi il se mit à bourrer sa pipe en sifflant un air étranger.

« Maudits soient les impies! s'écria le boiteux. Viens, mon fils, laisse ce mécréant, dont le souffle porte la mort. C'est pour punir nos péchés que Dieu a donné aux Francs la science qui fait leur force, mais c'est aussi pour châtier l'orgueil de ces chiens et les jeter plus vite dans l'abîme de perdition. Insensés, qui pour nier Dieu se servent de sa puissance même et du perpétuel miracle de sa bonté ! Va, infidèle, ajouta-t-il, en levant la main au ciel comme pour appeler la foudre sur la tête du renégat : va, ingrat, qui tournes le dos au Seigneur ! Dieu voit le fond de ton âme, tu mourras dans ta rage, et ta nourriture éternelle sera l'arbre d'enfer avec ses fruits amers et ses épines empoisonnées. »

A l'autre bout de la caravane venait un Persan à barbe blanche, coiffé d'un long bonnet de mouton noir : c'était le plus pauvre et le plus vieux de la bande ; c'était aussi le plus dédaigné, car il était d'un peuple hérétique. Le vieillard semblait ne souffrir ni de son âge, ni de sa pauvreté, ni de sa solitude. Il ne parlait à personne, mangeait peu et fumait tout le jour. Perché sur un maigre chameau, il passait tout son temps à tourner dans ses doigts les quatre-vingt-dix-neuf grains de son chapelet, en levant au ciel sa tête branlante et en murmurant des mots mystérieux. La douceur et la piété du pauvre homme avaient touché le cœur d'Abdallah. Trop jeune encore pour haïr personne, ce fut auprès de l'hérétique que le fils de Youssouf chercha un refuge contre le mécréant.

La figure animée et les yeux brillants du jeune guide touchèrent le derviche; ce fut avec un aimable sourire qu'il alla au-devant d'une confidence qu'il devinait.

« Mon fils, lui dit-il, Dieu te donne l'esprit de Platon, la science d'Aristote, l'étoile d'Alexandre et le bonheur de Cosroës !

— Mon père, s'écria le jeune homme, tu parles bien, c'est la science qu'il me faut ; non pas la science d'un païen, mais celle d'un vrai musulman à qui la foi ouvre le trésor de la vérité.

— Parle donc, mon fils, reprit le vieillard ; peut-être puis-je te servir. La vérité est comme la perle ; celui-là seul la possède qui a plongé jusqu'au fond de la vie et qui s'est ensanglanté les mains aux écueils du temps. Ce que tu cherches, je l'ai trouvé peut-être; qui sait si je ne puis te donner cette lumière que tu envies et qui n'a plus de prix pour mes yeux éteints ? »

Séduit par tant de bonté, Abdallah s'épancha avec le derviche, qui l'écoutait en silence. La confidence achevée, le vieillard, pour toute réponse, tira du tapis où il était assis un brin de laine blanche qu'il jeta au vent; puis, s'agitant comme un homme ivre et regardant Abdallah de façon étrange, il improvisa les vers suivants :

Charmant cyprès, tulipe à la sombre corolle,
Jeune homme aux yeux plus noirs et plus doux que la nuit,
Vois-tu ce blanc flocon qui dans les airs s'envole?
Ainsi passent nos jours : c'est un rêve qui fuit !
L'eau qui tombe au désert est moins vite tarie,
La rose qui s'effeuille est moins vite flétrie ;
Tout nous trompe ou nous manque, et la plus belle vie
N'est que le long sanglot d'un éternel adieu;
Dieu seul est vrai ! Dieu seul est grand ! Dieu seul est Dieu !
Veux-tu donc, mon enfant, qu'aux pages du saint livre,
Ton ange protecteur inscrive un nom béni,
Fuis le poison des sens dont la fumée enivre,
Dieu ne veut pas d'un cœur que le monde a terni.
Le corps n'est qu'un sépulcre; heureux qui s'en délivre,
Et tout entier s'abîme en l'amour infini !
Vivre en Dieu, c'est mourir; mourir en Dieu, c'est vivre !

« Tes paroles m'enflamment, dit Abdallah, mais tu ne me réponds pas.

— Eh quoi ! mon fils, s'écria le mystique, ne me comprends-tu point? Le trèfle à quatre feuilles n'existe pas sur la terre, c'est ailleurs qu'il faut le chercher. Le trèfle à quatre feuilles, c'est un emblème. C'est l'ineffable ! c'est l'infini ! Veux-tu le posséder? je t'en donnerai le secret. Étouffe tes sens, deviens aveugle, muet, sourd ; quitte la ville de l'existence, sois comme un voyageur dans le royaume du néant ; abîme-toi dans l'extase, et quand rien ne fera plus battre ton cœur, quand tu auras mis sur ta tête la glorieuse couronne de la mort, alors, mon fils, tu trouveras l'éternel amour et tu te confondras en lui, comme une goutte d'eau qui tombe dans l'immensité des mers. C'est là qu'est la vie ! Quand rien n'existait, l'amour existait, quand il ne restera plus rien, l'amour durera ; il est le premier, il est le dernier ; il est Dieu, il est l'homme ; il est le créateur, il est la créature ; il est le sommet, il est l'abîme, il est tout.

— Vieillard, dit le Bédouin tout effrayé, l'âge affaiblit ta raison ; tu ne sens pas que tu blasphèmes. Dieu seul existait avant le monde, Dieu seul restera quand les cieux en tombant auront écrasé la terre. C'est lui qui est le premier et le dernier, le visible et le caché, c'est lui, le puissant et le sage qui connaît tout et qui peut tout[1]. »

---

[1] Coran, LVII, 1-4.

Le vieillard n'entendait rien ; on eût dit qu'il rêvait ; ses lèvres s'agitaient, ses yeux fixes étaient sans regard, une vision emportait loin de la terre cette victime des illusions de Satan. Abdallah revint tristement auprès d'Hafiz, et lui conta sa nouvelle déception.

« Mon enfant, lui dit le boiteux, fuis ces insensés qui s'enivrent de leurs rêves, comme d'autres s'enivrent des fumées de l'opium ou du chanvre. Ce sont des idolâtres qui s'adorent eux-mêmes. Pauvres fous ! est-ce l'œil qui crée la lumière ? est-ce l'esprit de l'homme qui crée la vérité ? Malheur à qui tire de sa cervelle un monde plus léger et plus creux que la bulle de savon ! malheur à qui installe l'homme sur le trône de Dieu ! Dès qu'on entre dans la cité des songes, on est perdu ; Dieu s'efface, la foi s'évapore, la volonté s'éteint, l'âme étouffe ; c'est le règne des ténèbres et de la mort. »

CHAPITRE VIII

LE JUIF

La jeunesse est la saison du désir et de l'espérance. Malgré sa déconvenue, Abdallah ne se lassait pas d'interroger les pèlerins qu'il conduisait à la Mecque ; il comptait toujours sur une chance heureuse ; mais la Perse, la Syrie, l'Égypte, la Turquie, l'Inde étaient muettes ; personne n'avait entendu parler du trèfle à quatre feuilles. Hafiz condamnait une curiosité qu'il trouvait coupable, Halima consolait son fils en lui faisant croire qu'elle espérait encore avec lui.

Un jour que, retiré sous la tente, Abdallah, plus triste que de coutume, se demandait s'il ne ferait pas bien de quitter sa tribu et d'aller au loin chercher le talisman qui le fuyait, un juif entra dans le douar pour y demander l'hospitalité. C'était un petit vieillard vêtu de haillons, et si maigre que sa ceinture le coupait en deux. Appuyé sur un bâton, il traînait lentement ses pieds enveloppés de chiffons sanglants ; de temps à autre il levait la tête et regardait autour de lui pour implorer la pitié. Un front jaune et plissé, des paupières écarlates, des lèvres étroites qui couvraient à peine des gencives sans dents, une barbe en désordre qui lui tombait jusque sur la poitrine, tout dans sa personne avait un air de souffrance et de misère. L'étranger aperçut Abdallah et tendit vers lui une main tremblante en murmurant d'une voix épuisée :

« O maître de la tente, un invité de Dieu ! »

Tout absorbé dans ses pensées, le fils de Youssouf n'entendait rien. Déjà par trois fois le vieillard avait renouvelé sa prière, quand par malheur il tourna la tête vers une tente voisine où une négresse allaitait un enfant.

A la vue du juif, la femme cacha son nourrisson pour le préserver du mauvais œil, et sortant de sa demeure : « Va-t'en, lapidé, cria-t-elle au pèlerin ; viens-tu apporter ici le malheur ? Que Dieu te maudisse autant de fois qu'il y a de poils dans ta barbe ! » Et appelant les chiens, elle les lança sur le misérable. Le vieillard essaya de fuir, ses pieds s'embarrassèrent dans sa robe, il tomba en poussant des cris lamentables, trop faible pour écarter les ennemis qui le déchiraient.

Ces cris éveillèrent Abdallah : courir au secours du juif, châtier les chiens, menacer l'esclave, ce fut pour le jeune homme l'affaire d'un clin d'œil. Il releva le mendiant, le prit dans ses bras et le porta sous la tente. Un instant après, il lui lavait les pieds et les mains et lui pansait ses blessures, tandis qu'Halima apportait des dattes et du lait.

« Mon fils, laisse-moi te bénir, disait le vieillard tout en larmes : la bénédiction du plus petit des hommes n'est jamais petite aux yeux du Seigneur. Que Dieu te donne la sagesse, la patience et la paix ; qu'il éloigne de toi la jalousie, la tristesse et l'orgueil ! Voilà les biens qu'il a promis aux généreux comme toi. »

Le soir, réunis autour d'un repas frugal, Hafiz Abdallah et le juif causèrent longtemps ensemble, encore bien que le boiteux ne pût cacher sa répugnance à l'endroit du fils d'Israël. Abdallah au contraire écoutait le vieillard avec intérêt, car l'étranger parlait de ses voyages, et il était allé partout. Il connaissait Mascate et l'Inde et la Perse ; il avait visité le pays des Francs et traversé les déserts de l'Afrique ; en ce moment il arrivait d'Égypte par le Soudan, et retournait à Jérusalem par la Syrie.

« Et ce que j'ai cherché, mon cher hôte, disait le juif, ce n'est pas la richesse ; plus d'une fois je l'ai vue qui m'attendait au bord de la route, et j'ai passé mon chemin. La pauvreté, ont dit nos sages, sied aux enfants d'Abraham comme le harnais rouge au cheval blanc. Ce que j'ai poursuivi depuis cinquante ans au travers des sables et des mers, des fatigues et des misères, c'est la parole de Dieu, c'est la sainte tradition. Cette parole non écrite que Dieu a donnée à Moïse sur le mont Sinaï, Moïse en a confié le dépôt à Josué, Josué l'a transmise aux soixante-dix vieillards, les vieillards aux prophètes, et les prophètes à la synagogue ; après la ruine de Jérusalem, nos maîtres l'ont recueillie dans le Talmud, mais combien s'en faut-il qu'ils l'aient tout entière ? Pour punir les fautes de nos pères, Dieu a brisé la vérité, il en a jeté les débris aux quatre vents du ciel. Heureux qui peut rassembler ces fragments épars, heureux qui peut retrouver un rayon de la splendeur divine! Celui-là, les enfants du siècle peuvent le dédaigner ou le haïr; leurs injures sont à son âme ce que l'orage est à la terre : en la déchirant, elles la rafraîchissent et la fécondent.

— Et vous, mon père, vous êtes cet homme-là? dit Abdallah, si ému par les paroles de son hôte, qu'il ne se souvenait plus qu'il parlait à un infidèle; vous avez découvert ce trésor? vous possédez la vérité tout entière?

— Je ne suis qu'un ver de terre, reprit le juif; mais depuis mon enfance j'ai interrogé les maîtres, je leur ai demandé de me révéler les secrets de la Loi ; j'ai cherché, dans la Cabale, des richesses qu'on n'estime pas sur le marché du monde; j'ai voulu connaître cette langue des nombres qui donne la clef de toute vérité. Où en suis-je arrivé? Dieu le sait ; c'est à lui qu'appartient la louange. Une chose est certaine, c'est que l'ange Raziel initia Adam aux mystères de la création ; cette révélation est-elle perdue, qui oserait le dire? S'il est un homme qui ait soulevé un coin du voile, celui-là n'a plus rien à espérer ni à craindre sur la terre; il a eu son jour, il peut mourir.

— Mon père, demanda le jeune Bédouin en tremblant, votre science parle-t-elle d'une herbe sainte qui donne à la fois la sagesse et le bonheur?

— Sans doute, répondit le vieillard en souriant; il en est question dans le Zohar [1], parmi d'autres merveilles.

— C'est le trèfle à quatre feuilles, n'est-ce pas?

— Peut-être, reprit le juif en fronçant le sourcil; comment ce nom est-il venu jusqu'à toi? »

Quand le fils de Youssouf eut terminé son récit, le vieillard le regarda avec tendresse.

« Mon fils, lui dit-il, pour payer l'hospitalité, le pauvre vaut souvent mieux que le riche, car c'est Dieu qui paye pour le pauvre et l'abandonné. Le secret que tu cherches, je l'ai trouvé jadis au fond de la Perse; si Dieu a conduit mes pas sous ta tente, c'est que sans doute il m'a choisi pour t'apporter la vérité. Écoute-donc, et grave dans ton cœur ce que je vais te révéler. »

Hafiz et le jeune homme se rapprochèrent du

---

[1] *Le Livre de la splendeur.* C'est un ouvrage cabalistique.

vieillard, qui d'une voix basse et mystérieuse leur conta ce qui suit :

« Vous savez que lorsque Dieu chassa du paradis Adam notre premier père, il lui permit d'emmener sur la terre le dattier qui devait le nourrir, et le chameau, pétri de la même argile que l'homme, et qui ne peut vivre sans lui.

— Cela est vrai, dit le boiteux. Quand mes jeunes chameaux viennent au monde, ils mourraient dès le second jour si je ne leur soutenais la tête et ne la portais aux mamelles de la mère ; le chameau est fait pour nous, comme nous pour lui.

— Lorsque l'épée flamboyante poussa devant elle ces premiers coupables, Adam jeta un regard de désespoir sur le séjour qu'il lui fallait abandonner ; et pour emporter avec lui un dernier souvenir, il cassa une branche de myrte. L'ange le laissa faire ; il se souvenait que de l'ordre de Dieu il avait adoré naguère ce mortel qui maintenant lui faisait pitié.

— Cela est vrai, dit Hafiz. C'est cette même branche de myrte que Choaib donna longtemps après à son gendre Moïse ; c'est le bâton avec lequel le Prophète gardait ses troupeaux, et qui plus tard lui servit à faire ses miracles en Égypte.

— Ève, aussi, reprit le vieillard, se retenait toute en larmes à ces fleurs, à ces arbres qu'elle ne devait plus revoir ; mais l'épée était impitoyable ; devant la malédiction il fallait marcher. Au moment de sortir, Ève cueillit en passant une des herbes du paradis ; l'ange fut aveugle comme il l'avait été pour Adam. Quelle était cette herbe ? Ève ne le savait pas ; elle l'avait prise en fuyant et avait aussitôt fermé la main. L'emporter ainsi eût été sage, la curiosité fut encore une fois la plus forte ; avant de franchir le seuil fatal, notre mère ouvrit la main. La plante qu'elle avait cueillie était la plus brillante des herbes du paradis ; c'était le trèfle à quatre feuilles. Une de ces feuilles était rouge comme le cuivre, une autre, blanche comme l'argent, la troisième, jaune comme l'or, la quatrième, étincelante comme le diamant. Ève s'était arrêtée pour regarder son trésor quand la flamme la toucha ; elle tressaillit, sa main trembla ; la feuille de diamant tomba dans le paradis ; les trois autres, emportées par le vent, furent jetées au hasard sur la terre ; où sont-elles tombées ? c'est le secret de Dieu.

— Quoi ! s'écria le jeune homme, ne les a-t-on jamais revues ?

— Non pas que je sache, répondit le juif; et il est possible que cette histoire ne soit qu'une allégorie qui cache quelque profonde vérité.

— Non, non, dit Abdallah, cela n'est pas. Mon père, interrogez vos souvenirs; peut-être y trouverez-vous quelque nouvel indice. A tout prix il me faut cette plante; je la veux, et avec l'aide de Dieu, je l'aurai. »

Le vieillard cacha son front dans sa main et resta longtemps enfoncé dans sa rêverie; Abdallah et Hafiz osaient à peine respirer, dans la crainte de troubler son recueillement.

« J'ai beau fouiller dans ma mémoire, dit-il enfin, je n'y trouve rien; peut-être mon livre m'en apprendra-t-il davantage. Et il tira de sa ceinture un manuscrit jauni couvert d'une peau noire et graisseuse. Il le feuilleta lentement, page à page, examinant avec soin des carrés géométriques, des sphères concentriques, des alphabets entremêlés de chiffres, et dont les uns commençaient par l'*aleph*, tandis que les autres commençaient par le *thau*[1]. — Voilà, s'écria-t-il quatre

---

[1] C'est la dernière lettre de l'alphabet hébraïque.

vers qu'on récite dans le Soudan, et qui peut-être nous intéressent ; mais leur portée m'échappe :

> Il est une herbe du mystère
> Qui se dérobe à tous les yeux ;
> Ne la cherche pas sur la terre,
> Tu la trouveras dans les cieux.

— Patience! patience! ajouta-t-il à la vue d'Abdallah qui s'agitait, les mots ont plus d'un sens ; c'est à la surface que le peuple des ignorants veut pêcher la vérité; les sages la poursuivent jusqu'au fond de l'abîme, et l'atteignent grâce au plus puissant des outils, la sainte décade des *Sephiroth*[1]. Tu ne sais pas ce qu'a dit un de nos maîtres, rabbi Halaphta, fils de Dozza :

> Ne cherche pas le ciel là-haut dans cet azur
> Où la lune pâlit, où le soleil s'enflamme ;
> Le ciel, mon fils, est dans ton âme,
> Le paradis, c'est un cœur pur.

— Oui, continua-t-il en élevant la voix, j'entrevois une lueur qui me guide. Si Dieu a permis notre réunion, c'est sans doute qu'il veut te don-

---

[1] Sur les *Sephiroth*, voy. Munck, *Palestine*, p. 519.

ner ce que tu désires ; mais garde-toi de prévenir sa volonté par une vaine et criminelle curiosité. Suis sa loi, pratique ses commandements, mets le ciel dans ton âme ; peut-être un jour, au moment où tu y penseras le moins, trouveras-tu la récompense que tu rêves. Voilà du moins tout ce que ma science peut t'annoncer.

— Bien parlé, vieillard, » dit Hafiz ; et mettant la main sur l'épaule d'Abdallah. « Neveu, ajouta-t-il, Dieu est le maître de l'heure ; obéis et attends. »

CHAPITRE IX

LES PUITS DE ZOBÉYDE

La nuit fut douce pour Abdallah ; plus d'une fois il vit en songe le trèfle mystérieux; aussi à son réveil voulut-il retenir l'ami qui lui avait rendu l'espérance ; le juif refusa obstinément.

« Non, mon fils, lui dit-il ; c'est assez d'une nuit passée sous ta tente; le premier jour on est un hôte, le second on est un fardeau, le troisième on est une peste. Tu n'as plus rien à m'apprendre, je n'ai plus rien à te dire, il est temps de nous séparer. Seulement laisse-moi te remercier encore une fois et prier Dieu pour toi. Si nous n'avons plus la même kibbla[1] du moins sommes-

---

[1] La kibbla est le point de l'horizon où l'on tourne son visage quand on prie; les mahométans le tournent vers la Mecque, les juifs vers Jérusalem

nous tous deux enfants d'Abraham et adorons-nous le même Dieu. »

Tout ce que put obtenir le fils de Youssouf, c'est que le juif montât sur un chameau et se laissât conduire par les deux amis jusqu'à une journée de chemin. Hafiz avait pris goût à l'étranger, Abdallah espérait en tirer quelque lumière nouvelle sur l'objet qui lui tenait au cœur ; mais la vue du désert ramenait le vieillard à d'autres idées, il ne songeait plus aux récits de la veille.

« Si je ne me trompe, dit le voyageur au vieil Hafiz, nous allons trouver sur cette route les puits que fit creuser autrefois la sultane Zobéyde dans son pèlerinage à la Mecque.

— Oui, répondit le boiteux, c'est le souvenir qu'Haroun-al-Raschid a laissé dans ce pays ; c'est au calife et à sa pieuse épouse que nous devons nos plus beaux jardins.

— Heureux souvenir, dit le juif, et qui reste quand on a oublié ce que les hommes nomment la gloire, c'est-à-dire du sang inutilement versé et de l'argent follement répandu.

— C'est parler en fils d'Israël, reprit Hafiz. Vous êtes un peuple de marchands ; un Bédouin ne raisonne pas de la même façon. La guerre, c'est ce qu'il y a de meilleur au monde. Qui n'a pas vu la mort de près ne sait pas s'il est un homme. Il est beau de frapper quand on s'expose ; il est glorieux d'abattre un ennemi et de venger ceux qu'on aime. Neveu, ne penses-tu pas comme moi?

— Tu as raison, mon oncle ; mais la bataille n'est pas un plaisir sans mélange. Je me souviens du jour où, serré de près par un Bédouin qui me mettait le pistolet sur la tempe, je lui enfonçai mon sabre dans la poitrine : il tomba, ma joie fut violente, mais elle fut courte. En voyant ces yeux morts, cette bouche pleine d'écume et de sang, je songeai malgré moi que cet homme avait une mère, et que si fière qu'elle fût d'avoir enfanté un brave, il lui fallait maintenant rester seule et désolée, comme resterait ma mère si on lui tuait son fils. Et cet homme était un musulman, c'est-à-dire un frère !

— Peut-être as-tu raison, ajouta le jeune homme, en s'adressant au juif. La guerre est belle sans doute, mais combattre le désert, comme faisait le calife, et forcer la solitude à reculer en versant partout l'abondance et la vie, cela est grand ! Heureux ceux qui ont vécu au temps de la bonne Zobéyde !

— Pourquoi ne pas imiter ceux qu'on admire? demanda le vieillard à demi-voix, comme s'il ne voulait s'adresser qu'au seul Abdallah.

— Explique-toi, dit le Bédouin, je ne t'entends pas.

— Ni moi non plus, dit le boiteux.

— C'est que la jeunesse n'a pas encore les yeux ouverts, et que l'habitude aveugle la vieillesse. Pourquoi ce bouquet d'acacias à cette place, quand tout est stérile à l'entour? Pourquoi ces brebis broutent-elles là-bas une herbe presque verte, quand déjà le sable a triomphé partout? Pourquoi ces oiseaux qui courent entre les pieds des brebis fouillent-ils de leur bec une terre qui germe encore? Vous voyez cela tous les jours, et parce que vous le voyez tous les jours, vous n'y pensez pas. Ainsi sont faits les hommes, ils admireraient le soleil, si le soleil ne revenait pas tous les matins.

— Tu as raison, dit Abdallah tout pensif, il y a de l'eau sous cette verdure, peut-être un des puits creusés autrefois par le calife.

— Comment s'en assurer? demanda le boiteux.

— Voilà, répondit le juif, une question que tu

ne ferais pas si comme moi tu avais vieilli sur le Talmud ; écoute ce que dit un de nos maîtres, et comprends que toute science est renfermée dans notre loi.

« A quoi ressemblaient les paroles de la Loi
« avant que Salomon eût apparu ? au puits dont
« l'eau froide est située dans la profondeur, de
« façon que personne ne pouvait en boire. Que
« fit alors un homme intelligent ? Il attacha des
« cordes les unes aux autres, et des fils les uns
« aux autres, et ensuite il puisa et but. C'est ainsi
« que Salomon passa d'une allégorie à une autre,
« et d'un discours à un autre jusqu'à ce qu'il ap-
« profondit les paroles de la loi [1]. »

— Qui trouverait cette source trouverait un trésor, dit le berger ; reste avec nous, étranger, nous chercherons ensemble ; tu nous aideras de ta science et nous te ferons ta part.

— Non, répondit le juif. Qui épouse la science épouse la pauvreté. Depuis cinquante ans, j'ai fait trop bon ménage avec l'étude pour divorcer d'avec elle ; la richesse est une maîtresse impérieuse, il lui faut tout le cœur et toute la

---

[1] Midrasch du *Cantique des Cantiques*, fol. 1.

vie de l'homme. Laissons-la aux jeunes gens. »

Le soleil baissait à l'horizon ; le vieillard descendit de son chameau, remercia ses deux compagnons et les embrassa tendrement, mais ne leur permit pas d'aller plus loin. « Ne vous inquiétez pas de moi, leur dit-il ; on n'a rien à craindre quand on a la pauvreté pour bagage, la vieillesse pour escorte et Dieu pour compagnon. »

Et saluant une dernière fois de la main, le juif s'enfonça résolûment dans le désert.

CHAPITRE X

FEUILLE DE CUIVRE

Il ne fut pas difficile d'acheter ce coin de terre où l'œil perçant du pèlerin devinait une source ; quelques feddan[1] de sable demi stérile ont peu de prix au désert ; vingt douros qu'Halima avait autrefois reçus de Mansour et qu'elle avait soigneusement gardés au fond d'un vieux vase suffirent et au delà pour mettre Abdallah au comble de ses vœux. Hafiz, toujours prudent, annonça qu'il voulait établir en cet endroit un abri pour son troupeau ; dès le premier jour il y apporta assez de branchages pour cacher à tous les yeux l'œuvre mystérieuse qu'il allait commencer.

Partout où il y a des femmes et des enfants, on

---

[1] C'est une mesure un peu moins grande que notre ancien arpent

est curieux et on cause ; ce fut bientôt le bruit commun de la tribu qu'Hafiz et son neveu passaient les nuits à fouiller la terre pour y chercher un trésor. Aussi à la fin du jour, quand on menait les troupeaux à l'abreuvoir, et qu'on apercevait en passant les deux amis couverts de sable, les têtes folles ne les épargnaient guère. — Qui est là? demandait-on ; est-ce un chacal qui se cache dans sa tanière? est-ce un derviche qui se creuse une cellule? est-ce un vieillard qui se bâtit un tombeau? — Non, répondait-on, ce sont des magiciens qui font un trou pour aller en enfer. — Patience, criaient d'autres voix, ils n'y arriveront que trop vite. Et les rires de continuer, et les railleries de pleuvoir. On n'a pas encore trouvé de mors pour régler la bouche de l'ignorant et de l'envieux.

Durant plus d'un mois Abdallah et son oncle creusèrent le sol avec une ardeur extrême, mais ils n'avançaient guère ; le sable s'éboulait ; la nuit ruinait le travail du jour. Halima perdit patience la première, et accusa son frère d'avoir cédé à la folie d'un enfant. Peu à peu Hafiz, découragé, accepta les reproches de sa sœur et abandonna l'entreprise. « Dieu, disait-il, me punit de ma faiblesse. C'était une grande faute que d'écouter ce misérable imposteur qui s'est joué de nous. Pouvait-on attendre autre chose de ces éternels ennemis du Prophète et de la vérité ? »

Abdallah, resté seul, ne se laissa point abattre par la mauvaise fortune. « Dieu m'est témoin, répétait-il, que c'est pour mon peuple et non pour moi seul que je travaille. Si j'échoue, qu'importe ma peine ? si je réussis, qu'importe le temps ? » Il passa tout un nouveau mois à boiser le puits, à soutenir les terres ; l'œuvre assurée, il recommença la fouille avec plus de courage que jamais.

Au quinzième jour du troisième mois, Hafiz, poussé par Halima, voulut tenter un suprême effort contre cet entêté de neveu qui espérait comme un fou quand son oncle lui donnait l'exemple de la sagesse et de la résignation. Prêcher Abdallah n'était pas chose facile ; le puits était déjà descendu à trente coudées et l'ouvrier était au fond. Hafiz se coucha contre terre, et mettant la tête à l'entrée du trou :

« Enfant, plus entêté qu'une mule, cria-t-il, as-tu donc juré de t'enterrer dans ce puits de malédiction ?

— Mon oncle, répondit Abdallah d'une voix qui semblait sortir de l'enfer, puisque vous êtes là-haut, obligez-moi de tirer la corde et de vider le panier ; j'irai plus vite en besogne.

— Malheureux, reprit Hafiz d'un ton où il y avait autant de colère que de pitié, as-tu donc oublié les leçons que je t'ai données dans ton enfance? as-tu si peu de respect pour ta mère et pour moi que tu veuilles nous affliger? Ne te souviens-tu pas des belles paroles du Coran :
« Ceux qui prémunissent leur cœur contre la
« convoitise seront les bienheureux[1]; » crois-tu...

— Père! père! cria tout à coup Abdallah, je sens de l'humidité, l'eau vient, je l'entends ; au secours ! tirez le panier, ou je suis perdu. » Hafiz se jeta sur la corde, et bien lui prit d'être fort, car, malgré toute son énergie, il amena son neveu couvert de boue, sans connaissance et à demi noyé. L'eau grondait et bouillonnait dans le puits. Abdallah, revenu à lui, écoutait avec ravissement ce bruit qui montait ; son cœur battait avec violence ; Hafiz avait des larmes dans les yeux. Tout à coup le bruit s'arrêta, le boi-

[1] Coran, LIX, 9.

teux alluma une poignée d'herbes sèches qu'il jeta dans le trou, et à moins de dix pieds du sol il aperçut comme un reflet d'acier ; c'était une source jaillissante. Y descendre une cruche et la remonter fut l'affaire d'un instant. L'eau était douce. Abdallah se jeta à deux genoux sur le sable et se prosterna le front contre terre ; l'oncle en fit autant ; mais en se relevant il embrassa son neveu et lui demanda pardon.

Une heure après, malgré la chaleur du jour, les deux Bédouins avaient installé auprès de la source une grande roue droite, armée d'un chapelet de pots de terre ; deux bœufs la faisaient tourner ; la *sakieh* gémissante répandait l'eau sur l'herbe jaunie, et rendait à la terre la fraîcheur du printemps.

Le soir venu, on n'alla point à l'abreuvoir ; troupeaux et bergers s'arrêtaient devant la source ; les railleurs de la veille glorifiaient Abdallah. « Nous l'avions prévu, disaient les anciens. — Heureuse la mère d'un tel fils ! répétaient les femmes. — Heureuse la femme de ce brave et beau jeune homme, pensaient les filles. — Et chacun ajoutait : Béni soit le serviteur de Dieu et les enfants de ses enfants ! »

Quand la tribu fut réunie, le fils de Youssouf remplit une cruche de cette eau aussi fraîche que celle du puits de Zem-Zem[1], et l'appuyant sur son bras, il fit boire sa mère la première ; chacun vint à son tour, Abdallah but le dernier.

Comme il approchait le vase de sa bouche et qu'il le levait pour le vider, il sentit quelque chose de froid sur ses lèvres : c'était une petite feuille de métal que la source avait entraînée avec elle.

« Qu'est cela, mon oncle ? demanda-t-il à Hafiz ; est-ce que le cuivre se cache ainsi au fond de la terre ?

— Oh ! mon fils, s'écria le vieillard, garde ceci, c'est le plus précieux des trésors ; Dieu t'envoie le prix de ton courage et de ton travail. Ne vois-tu pas que c'est une feuille de trèfle ! C'est la terre elle-même qui s'entr'ouvre pour t'apporter du fond de ses entrailles cette herbe du paradis. Tout est vrai dans ce que nous a dit cet honnête fils d'Israël. Espoir, mon enfant, espoir ! Louange à Dieu, l'incomparable, le tout-puissant, l'unique ! Lui seul est grand ! »

---

[1] C'est un puits sacré qui se trouve à la Mecque dans l'enceinte du temple. Suivant la tradition, c'est la source que l'ange fit jaillir dans le désert pour apaiser la soif d'Agar et d'Ismaël.

CHAPITRE XI

LES JARDINS D'IREM

Des jardins d'un vert sombre, arrosés par des sources vives, des fruits qui viennent au-devant de la main, des palmiers, des grenades, un ombrage éternel, voilà le paradis que le livre de vérité promet au fidèle[1]. Ce paradis, Abdallah en avait reçu l'avant-goût sur la terre. Au bout de quelques années, rien n'était plus beau que sa plantation, jardin plein de fraîcheur et de paix, charme des yeux et du cœur. De blanches clématites tournaient autour des acacias et des oliviers; des haies de myrte entouraient de leur feuilles toujours vertes des carrés où croissaient le dourah, l'orge et le melon; une eau fraîche, courant par vingt rigoles, baignait le pied des

[1] Coran, XIII, 35; LV, 68; LXXVI, 14.

jeunes orangers ; il y avait des raisins, des bananes, des abricots, des grenades dans la saison, et des fleurs toute l'année. Dans cet heureux séjour, d'où la tristesse n'approchait pas, la rose, le jasmin, la menthe, le narcisse aux yeux gris, l'absinthe aux fleurs bleues[1] semblaient sourire, et leur douce odeur plaisait encore quand l'œil s'était rassasié de les admirer. Quel bocage échappe à l'œil perçant de l'oiseau ? De tous les points du ciel étaient accourus ces amis des fruits et des fleurs. On eût dit qu'ils connaissaient la main qui les nourrissait. Le matin, quand Abdallah sortait de sa demeure pour étendre le tapis de la prière au milieu des herbes brillantes de rosée, les passereaux le saluaient de leurs cris joyeux ; à sa vue, le ramier, caché sous les larges feuilles du figuier, roucoulait plus tendrement : les abeilles se posaient sur sa tête, les papillons voltigeaient autour de lui ; fleurs, oiseaux, insectes bourdonnants, eaux murmurantes, tout ce qui vivait semblait le remercier ; tout élevait l'âme d'Abdallah vers Celui qui lui avait donné l'abondance et la paix.

[1] *Shich.*

Ce n'était pas pour lui que le fils d'Halima avait désiré la richesse, aussi l'avait-il partagée avec les siens. Au bout du jardin il avait creusé un bassin profond où l'eau tombant à gros bouillons gardait sa fraîcheur pendant les sécheresses de l'été. Les oiseaux qui voltigeaient à l'entour attiraient de loin les caravanes. « Quelle est cette eau ? disaient les chameliers. Depuis tant d'années que nous traversons le désert nous n'avons jamais vu cette citerne. Nous sommes-nous trompés de direction ? Nous avions empli nos outres pour sept jours, et voilà que nous trouvons de l'eau dès la troisième marche. Sont-ce les jardins d'Irem[1] qu'il nous est permis de voir ? Dieu a-t-il pardonné à ce superbe qui voulait construire un paradis au milieu même du désert ? »

Et Halima répondait aux chameliers : « Non, ce ne sont point les jardins d'Irem, non, ce n'est

---

[1] Cheddad, roi du peuple d'Ad, ayant entendu parler du paradis et de ses délices, voulut établir un palais et des jardins qui par leur magnificence rivalisassent avec le paradis. Un cri parti du ciel détruisit ce monument d'orgueil, ou plutôt le rendit invisible, car un certain Ibn-Kelabah prétendit l'avoir retrouvé sous le règne du calif Moaviah. Les jardins d'Irem sont aussi célèbres chez les Arabes que la tour de Babel chez les Hébreux. Coran, LXXXIX, 6, et les commentateurs.

pas le palais de l'orgueil ; ce que vous voyez, c'est l'œuvre du travail et de la prière ; Dieu a béni mon fils Abdallah. »

Et le puits fut nommé le puits de la Bénédiction.

CHAPITRE XII

LES DEUX FRÈRES

Trois choses charment les yeux, dit un proverbe : l'eau vive, la verdure et la beauté. Halima sentait bien ce qui manquait à ce jardin si vert et si bien arrosé. Souvent elle répétait à son fils qu'un homme ne doit pas laisser tomber le nom de son père ; Abdallah ne l'écoutait pas. Se marier, il n'y songeait point ; son âme était ailleurs. Sans cesse il regardait la petite feuille de cuivre, sans cesse il se demandait par quel exploit, par quelle vertu il pourrait plaire à Dieu et en obtenir le seul bien qu'il désirât. Dans le cœur de l'homme il n'y a point de place pour deux passions à la fois.

Un soir que le vieil Hafiz venait au secours de sa sœur et qu'il usait de toute son éloquence pour décider ce poulain sauvage à accepter le mors, on entendit des coups de fusil dans le lointain : c'était l'annonce d'une caravane. Abdallah se leva pour aller au-devant des étrangers, laissant Halima désolée et le pauvre Hafiz confondu.

Il rentra bientôt, ramenant sous la tente un homme jeune encore, mais déjà gros et lourd. L'étranger salua le boiteux et sa sœur, en les regardant avec attention ; puis, fixant ses petits yeux sur le Bédouin :

« N'est-ce pas ici, lui dit-il, la tribu des Beni-Ameurs, et ne suis-je pas chez Abdallah, le fils de Youssouf ?

— C'est Abdallah qui a l'honneur de vous recevoir, répondit le jeune homme, tout ce qui est ici appartient à Votre Seigneurie.

— Eh quoi, s'écria le nouveau venu, dix ans d'absence m'ont-ils changé à ce point que je sois un étranger dans cette demeure ? Abdallah a-t-il oublié son frère ? Ma mère n'a-t-elle plus qu'un fils ? »

Ce fut une grande joie de se revoir après une si longue séparation ; Abdallah ne se lassait point d'embrasser Omar ; Halima allait de l'un à l'autre de ses enfants ; Hafiz se disait tout bas que l'homme est un méchant animal. Soupçonner d'ingratitude le fils de Mansour, c'était un crime, et ce crime, combien de fois le vieux berger ne l'avait-il pas commis? Le repas fini, et les pipes apportées, Omar prit la parole, en serrant tendrement la main de son frère.

« Que je suis heureux de te voir! lui dit-il, et d'autant plus heureux que je viens te rendre un service.

— Parle, frère, dit le fils de Youssouf. N'ayant rien à espérer ni à craindre que de Dieu, j'ignore quel service tu peux me rendre; mais souvent le danger approche sans qu'on le sente, et rien ne remplace l'œil d'un ami.

Il n'est pas question de danger, mais de fortune, reprit le fils de Mansour. Voici ce qui m'amène.

« J'arrive de Taïf, où le grand chérif m'a fait
« appeler. « Omar, m'a-t-il dit, je sais que tu es
« le marchand le plus riche et le plus avisé de
« Djeddah ; on te connaît dans le désert; il n'y a
« pas une tribu qui ne respecte ton nom, et qui,
« sur le vu de ton cachet, ne soit prête à te four-
« nir des chameaux pour transporter ta marchan-
« dise, et des braves pour la défendre. Aussi ai-je
« conçu pour toi une grande estime, et c'est pour

« t'en donner une marque que je t'ai fait venir. »

« Je me suis incliné avec respect en attendant la volonté du chérif. Il a longtemps caressé sa barbe avant de parler.

« Le pacha d'Égypte, m'a-t-il dit enfin comme
« un homme qui hésite, le pacha d'Égypte, qui
« tient à mon amitié comme je tiens à la sienne,
« m'envoie une esclave qui doit faire l'ornement
« de mon harem, et que, par respect pour la main
« qui l'a choisie, je ne puis recevoir autrement
« que comme une épouse. C'est un honneur
« que me fait le pacha ; je l'accepte avec recon-
« naissance, encore bien que je sois vieux et qu'à
« mon âge, ayant près de moi une femme que
« j'aime, il eût été plus sage de ne point risquer
« la paix de ma maison. Mais cette esclave n'est
« point ici, et c'est pour l'amener que j'ai besoin
« de ta prudence et de ton habileté. Cette femme
« ne peut pas débarquer à Djeddah où commande
« le Turc ; il faut donc qu'elle prenne terre à
« Yambo, dans mon domaine. La route est longue
« de Yambo à Taïf ; il y a dans le désert des ban-
« des errantes et des tribus orgueilleuses qui mé-
« connaissent quelquefois mon autorité. Leur
« faire la guerre à présent n'entre pas dans mes

« vues; il ne me convient pas davantage de
« m'exposer à recevoir une insulte. Il me fau-
« drait donc un homme sage et habile qui allât
« pour son propre compte à Yambo. C'est un
« voyage que tu peux faire aisément, et qui n'é-
« tonnera personne. Quoi de plus simple que
« d'aller au-devant d'une cargaison importante;
« et qui s'attaquerait à toi, simple marchand,
« dans un pays où tu as tant de ressources et
« tant d'amis? »

« Ainsi m'a parlé le chérif. Je voulais refuser cette dangereuse faveur; le maître m'a
regardé d'un œil terrible. C'est le cri du lion
que la colère du prince; l'irriter, c'est se perdre.
Je me suis résigné à ce que je ne pouvais empêcher.

« Chef des croyants, ai-je répondu, il est vrai
« que Dieu a béni mes efforts et que j'ai quel-
« ques amis dans le désert. C'est à toi qu'il ap-
« partient de commander; j'écoute et j'obéis. »

— Cela est bien, dit Abdallah; il y a là des
périls à braver, de la gloire à conquérir.

— C'est pour cela que je viens te voir, reprit
le fils de Mansour. A qui céderais-je une part
dans cette noble entreprise, sinon à toi, mon

frère, le brave des braves, sinon au sage et prudent Hafiz, sinon à vos hardis compagnons? Les Bédouins de la route ne m'ont jamais vu, ils ne connaissent que mon nom; et d'ailleurs au lieu de défendre ma caravane, ils pourraient bien la piller comme ils l'ont fait plus d'une fois; mais quand tu seras là avec les tiens, ils y regarderont de plus près. C'est donc à toi qu'il appartient de prendre la tête de cette affaire, à toi d'en recueillir tout l'honneur. Tu vois que je te parle avec une entière franchise : moi, je ne suis qu'un marchand; toi, tu es un homme de conseil et d'action. Dans le désert on dit que je suis riche et l'on aime mon argent : cette réputation est un danger plus qu'un secours; toi, au contraire, on te respecte et on te redoute; le nom du fils de Youssouf est une force : sa personne vaut une armée. Sans toi je ne puis rien, avec toi je suis sûr de réussir dans une aventure où je joue ma tête. Ai-je tort de compter sur toi?

— Non, dit Abdallah; nous sommes les anneaux d'une même chaîne; malheur à qui la romprait! Nous partirons demain, et, quoi qu'il arrive, tu me trouveras près de toi : le frère est né pour les mauvais jours. »

CHAPITRE XIII

LA CARAVANE

Dès le soir même tout fut prêt pour le départ ; les outres remplies, les provisions faites, les cordes de foin comptées, les harnais visités. Abdallah choisit les chameaux les plus sûrs et les conducteurs les mieux connus. Ce n'est pas tout ; il engagea douze jeunes gens, braves compagnons, courages éprouvés, à qui souriaient la fatigue et la guerre. Qui n'eût été fier de suivre le fils de Youssouf ? Son regard commandait le respect, sa parole prenait le cœur. Le sabre toujours tiré, la main toujours ouverte, c'était le plus hardi des chefs et le plus tendre des amis. Près de lui on était aussi tranquille que l'épervier dans la nue, ou le mort dans sa tombe. De son côté, Hafiz passa la nuit sans dormir. Nettoyer les fusils, essayer la poudre, fondre des balles, aiguiser les sabres et les poignards, c'était une œuvre de son goût, un plaisir que le boiteux n'entendait céder à personne.

Aussitôt que les étoiles commencèrent à pâlir, la caravane se mit en marche; Abdallah en tête auprès d'Omar, Hafiz au dernier rang, surveillant tout, et plaçant à propos un mot de reproche ou d'encouragement. Les chameaux se suivaient lentement à la file accompagnés de leurs conducteurs qui chantaient. Au milieu de la bande marchait fièrement un magnifique dromadaire de la race d'Oman, à la tête effilée. Couvert d'or, de soie et de plumes éclatantes, il portait une litière toute tendue de brocart et de velours ; c'était l'équipage de la nouvelle favorite. Douze cavaliers, montés sur d'excellents chevaux, faisaient étinceler aux premiers feux du jour leurs selles aux pommeaux d'argent, leurs armes damasquinées, leurs burnous noirs[1] brodés d'or. Venait ensuite la jument d'Abdallah, conduite à la main par un serviteur. Rien de plus beau que la cavale ; c'était la gloire de la tribu, le désespoir et l'envie de tous les Bédouins. On la nom-

[1] *Abayas.*

mait la Colombe¹, elle était blanche, douce et rapide comme cette reine des bois.

Abdallah, vêtu en simple chamelier et armé d'un long bâton à pointe de fer, marchait à pied, auprès d'Omar tranquillement assis sur sa mule. On était chez des amis, il n'y avait rien à craindre; les deux frères pouvaient causer longuement du passé. Quand le soleil frappa d'aplomb, quand un air brûlant énerva les bêtes et les hommes, le fils de Youssouf se mit auprès du premier guide. D'une voix grave et lente il chanta un de ces hymnes du désert qui charment les ennuis du chemin :

>Dieu seul est grand!
>Qui fait trembler la terre?
>Dans l'air en feu qui donc lance au loin le tonnerre?
>Qui jette le sable aux fureurs du vent?
>Qui de son lit séché fait jaillir le torrent?
>Son nom! N'entends-tu pas ce que dit l'ouragan
>Dieu seul est grand!

>Dieu seul est grand!
>Au fond des mers qui donc précipite l'orage?
>Qui donc livre au soleil la pluie et le nuage?
>Qui force la vague à lécher la plage?
>Son nom! — Le vent qui fuit le jette en murmurant
>Au flot mourant :
>Dieu seul est grand!

¹ Hamama

O puissance du nom divin! Au son de ces louanges, la brute même oubliait sa fatigue et marchait d'un pas ferme; les chameliers relevaient la tête; chacun se rafraîchissait à ces paroles comme au courant d'une eau vive. C'est la force de l'âme qui fait l'énergie du corps, et pour l'âme il n'y a de force qu'en Dieu.

Ainsi passa le premier jour. Le lendemain on prit quelques précautions; Hafiz partit en éclaireur; on se mit en route dès que la lune fut levée; on marcha en silence; on s'arrêta plus tôt que la veille, mais on ne vit personne. Les jours qui suivirent furent aussi tranquilles, et le soir de la neuvième étape on aperçut enfin les murs et les tours de Yambo.

CHAPITRE XIV

CAFOUR

La caravane ne fit pas un long séjour dans la ville: le brick qui portait l'esclave était arrivé de la veille; Omar était pressé de rentrer en paix à Djeddah. Les chameaux reposés, on prit la route du désert.

Ce fut au port qu'on alla chercher la sultane; un bateau plat détaché du navire conduisit à terre deux femmes enveloppées dans de larges mantes en taffetas noir[1]. A l'exception des yeux, leur visage était couvert par un long voile de mousseline blanche[2] qui leur tombait jusqu'aux pieds. Omar reçut les deux étrangères en s'inclinant avec respect, et les mena vers l'équipage qui les attendait. A la voix d'Abdallah, le droma-

[1] *Habarah*
[2] *Bourko.*

daire se mit à genoux ; l'une des femmes monta lentement dans le palanquin et s'assit avec grâce, en ramenant autour d'elle les longs plis de sa robe ; l'autre s'approcha avec non moins de gravité ; mais tout à coup, arrachant sa mante et son voile, elle en coiffa le fils de Mansour et lui tourna la mousseline autour du visage, comme si elle voulait l'étouffer ; puis, mettant un pied sur le cou du chameau, elle sauta dans la litière comme un chat, et, sans respect des convenances, elle fit aux Bédouins surpris une grimace de singe, en riant aux éclats.

« Cafour, tu seras battue, » criait la dame voilée, qui avait peine à tenir son sérieux ; mais Cafour ne croyait pas aux menaces de sa maîtresse. La tête à la portière et le poing sur la hanche, elle attendait qu'Omar reparût au jour pour lui tirer la langue et se moquer de lui.

Quand le fils de Mansour eut enfin rejeté le monceau de soie sous lequel on l'avait enseveli, et que, furieux, il leva la tête vers la créature qui l'avait outragé, il fut bien étonné de voir que les Bédouins et le grave Abdallah lui-même ne pouvaient s'empêcher de sourire ; tous haussaient les épaules en lui montrant son ennemi.

C'était un enfant, une négresse de la plus belle laideur. Un visage rond et plat, avec de petits yeux, dont le blanc paraissait à peine, un nez écrasé qui se perdait dans les joues, de larges narines où pendait un anneau d'argent qui tombait plus bas que la bouche, des lèvres énormes, des dents blanches comme celles d'un jeune chien, un menton tatoué de bleu, voilà l'heureuse figure de la dame. Pour ajouter à sa laideur, on l'avait chargée de bijoux comme une idole. Au sommet de la tête elle avait une touffe de plumes de perroquet. La laine épaisse qui lui couvrait le front était partagée en petites tresses garnies de sequins; à ses oreilles, percées comme un crible, on avait attaché des boucles de toute forme et de toute grandeur; un collier d'émail bleu à cinq rangs brillait sur sa poitrine; sept ou huit bracelets de corail, d'ambre et de filigrane lui montaient de la main au coude, enfin elle portait à chaque jambe un énorme anneau d'argent. Telle était Cafour, les délices de sa maîtresse, la belle Léila.

Tout est permis aux fous; ce sont des favoris de Dieu, leur âme est au ciel, tandis que leur corps traîne sur la terre; aussi, à l'exception d'Omar, qui avait de la rancune, toute la caravane prit-elle en amitié la pauvre négresse. Il était trop visible qu'elle n'avait pas sa raison: elle parlait et riait sans cesse, sa langue n'épargnait personne, et ses jugements étaient insensés.

Par exemple, elle regarda longtemps le fils de Mansour, qui, à demi couché sur sa mule, marchait près de la litière, entouré de ses esclaves, et fumait lentement du tabac de Perse dans une pipe de jasmin. Un des serviteurs ayant trop chargé la pipe, Mansour lui donna un soufflet. « Maîtresse, cria Cafour, vois-tu ce vieillard qui allonge ses pieds dans de larges babouches et qui s'enfonce dans un coussin? C'est un juif; prends garde, maîtresse, pour un douro il nous battrait, pour un sequin il nous vendrait. » Et Léila de rire, et Omar de s'emporter et de menacer la négresse. Traiter de vieillard et de juif un homme qui comptait les piastres par millions, n'était-ce pas d'une tête folle? Quel homme raisonnable eût osé parler ainsi?

Ce fut bientôt le tour d'Abdallah, qui passait en revue la caravane. Il avait pris ses habits de guerre; chacun admirait la grâce du jeune chef.

Son burnous blanc flottait en longs plis ; à sa ceinture brillaient les crosses damasquinées de ses pistolets et la poignée d'argent de son candjar, une coiffe de soie rouge et jaune lui ombrageait les yeux et ajoutait à la fierté de son regard. Qu'il était beau! tous les cœurs volaient après lui. La cavale même se sentait heureuse de porter un tel maître. Le cou chargé de glands et d'anneaux d'or, la Colombe dressait au vent sa tête de serpent et ses oreilles de roseau ; le feu sortait de ses larges narines ; à la voir partir, volter, s'arrêter court, reprendre champ, on eût dit que le cavalier et sa monture n'avaient qu'une volonté. Quand le fils de Youssouf s'arrêta près de la litière, un chamelier ne put s'empêcher de dire à Cafour :

« Regarde, enfant. Est-ce chez tes gros Égyptiens, est-ce dans ton Magreb qu'on trouve cette noblesse?

— Vois donc, maîtresse, dit Cafour en se penchant sur le cou du chameau, vois donc ces riches habits, cette tournure élégante, ces doigts effilés, ces yeux baissés. Bel oiseau, tu ne veux donc pas nous regarder? cria-t-elle au fils de Youssouf. Bon, c'est une femme déguisée, c'est la vierge de la tribu. Chamelier, fais-la monter avec nous; sa place est ici.

— Te tairas-tu, païenne? dit Abdallah, à qui la patience échappait; faudra-t-il te passer un anneau dans la bouche pour arrêter ta langue de serpent?

— C'est une femme, dit Cafour en riant de plus belle; un homme ne se venge pas avec des injures. Viens donc, les femmes sont faites pour s'entr'aimer. Tu es belle, moi aussi, mais ma maîtresse est la plus belle des trois; tiens, regarde. »

L'œil est plus prompt que la pensée. Abdallah leva les yeux sur la litière, Cafour tira en se jouant le voile de sa maîtresse; Leïla effrayée rejeta la tête en arrière; le voile se rompit, la mante tomba. Leïla poussa un cri, d'une main elle se cacha le visage, de l'autre elle frappa Cafour qui se mit à sangloter. Ce fut la durée d'un éclair.

« Que cette femme est belle! pensa le fils de Mansour, il me la faut.

— Gloire à Celui qui l'a créée et qui l'a créée si parfaite! » murmura le fils de Youssouf.

Qui dira ce qu'un moment peut contenir de

plaisir ou de peine? Qui dira comment cette figure, qui n'avait fait que passer, entra jusqu'au fond de l'âme d'Abdallah? La caravane marchait, le Bédouin restait immobile. Léila s'était cachée sous sa mante, et cependant il y avait là, devant le fils de Youssouf, une femme qui lui souriait. Il fermait les yeux, et malgré lui il voyait un front aussi blanc que l'ivoire, des joues aussi fraîches que la tulipe, et des cheveux plus noirs que le musc, qui tombaient sur un cou de gazelle, comme tombe un rameau de dattier chargé de grappes dorées. Deux lèvres pareilles à un fil d'écarlate s'ouvraient pour l'appeler; deux grands yeux le regardaient, deux yeux entourés d'un liséré bleuâtre et qui brillaient d'un éclat plus doux que la violette humide de rosée. Abdallah sentit que son cœur lui échappait; il cacha sa tête dans ses mains et se mit à pleurer.

La caravane avançait toujours; le vieil Hafiz, qui fermait la marche, se trouva bientôt près de son neveu. Étonné du silence et de l'immobilité du jeune chef, il s'approcha de lui et, lui touchant le bras :

« Mon fils, lui dit-il, il y a du nouveau, n'est-ce pas? »

Abdallah tressaillit, et revenant a lui comme un homme qui sort d'un rêve : « Oui, mon oncle, » répondit-il d'une voix abattue.

« L'ennemi est là, s'écria le boiteux, dont les yeux flamboyèrent ; tu l'as vu ? Gloire à Dieu, la poudre va parler !

— Personne ne nous menace ; le danger n'est pas là.

— Qu'y a-t-il donc, mon enfant ? reprit le vieillard avec inquiétude ; es-tu malade ? as-tu la fièvre ? Tu sais que je suis médecin.

— Ce n'est pas cela, mon père ; à la première halte je vous dirai tout.

— Tu m'effrayes, dit Hafiz ; si ce n'est ni le danger ni la fièvre qui t'agitent, c'est donc quelque passion mauvaise qui trouble ton âme ? Prends garde, mon fils ; avec l'aide de Dieu, on abat les téméraires ; avec l'aide de Dieu, on tue la fièvre ; il n'est qu'un ennemi contre lequel il n'y a point de défense, cet ennemi, c'est notre cœur. »

CHAPITRE XV

HISTOIRE DU SULTAN DE CANDAHAR

Quand la caravane se fut arrêtée, Abdallah mena son oncle à l'écart ; le boiteux s'assit sur son tapis et se mit à fumer sans dire une parole ; le jeune chef, enveloppé dans son manteau, se coucha par terre et resta longtemps immobile ; tout à coup il baisa la main du vieillard : « Mon oncle, dit-il, j'implore la protection de Dieu ; ce que Dieu veut doit arriver, il n'y a de force et de pouvoir qu'en lui. » Et d'une voix émue, il conta la vision qui l'avait troublé.

« O mon fils, dit en soupirant le vieux berger, te voilà puni de ne nous avoir point écoutés. Heureux qui, sans autre désir que de continuer le nom de son père, se choisit dans sa tribu une femme vertueuse et obéissante ; malheureux qui laisse prendre son âme aux pièges d'une étrangère. Rien de bon peut-il nous venir de l'Égypte? Depuis le temps de Joseph toutes les femmes y sont débauchées et perfides, dignes filles de Zuléika[1]!

— Mon oncle, que parlez-vous de perfidie? le hasard seul a tout fait.

— Ne le crois pas, mon enfant; il n'y a pas de hasard pour ces chasseresses rusées qui tendent partout leurs filets.

— Elle m'aime donc! s'écria le jeune homme en se levant; mais non, mon oncle, vous vous trompez. Dans deux jours nous serons à Taïf, dans deux jours nous serons séparés à jamais; et je sens que je l'aimerai toujours!

— Oui, tu l'aimeras, mais elle t'oubliera au premier bijou que lui donnera son nouveau maître. Ton cœur lui sert de jouet; quand son caprice sera fini, elle brisera ton cœur. Rappelle-toi ce que dit le Coran de cet être imparfait et capricieux qui grandit entre les ornements et les parures[2]; la raison des femmes, c'est la folie, leur religion, c'est l'amour. Comme les fleurs,

---

[1] C'est le nom que les Arabes donnent à la femme de Putiphar.
[2] Coran, XLIII, 17.

elles sont le délice des yeux, le charme des sens, mais ce sont des fleurs empoisonnées : malheur à qui en approche, il aura bientôt un linceul pour vêtement. Crois-en mon expérience, j'ai vu plus de familles détruites par les femmes que par la guerre; plus un homme est généreux plus il est menacé.

Ne sais-tu pas l'histoire du sultan de Candahar? C'était un vrai croyant, quoiqu'il vécût au temps d'ignorance[1], c'était un sage, quoiqu'il fût roi ; il avait recueilli toutes les maximes de la prudence humaine pour laisser à ses enfants un héritage digne de lui. Les philosophes des Indes lui avaient composé une bibliothèque qui le suivait partout ; il ne fallait pas moins de dix chameaux pour la porter. « Ramenez toute cette science à de premiers principes, » dit le roi; on le fit, il en resta la charge d'un chameau. C'était trop; de vieux bramines choisis par le prince réduisirent cet abrégé d'une longue expérience; on en fit dix volumes, puis cinq, puis un seul; ce fut ce livre qu'on offrit au Sultan dans un étui de velours et d'or. Le prince avait

[1] C'est-à-dire avant l'islamisme.

longtemps régné, la vie avait peu de secrets pour lui ; il prit le livre, et se mit à effacer tout ce qu'une raison vulgaire trouve à première vue. Quel est le danger pour mes fils? pensa-t-il ; ce n'est pas l'avarice, qui est la maladie des vieillards, ni l'ambition qui est la vertu des princes. Otons tout cela. Mais quand il en vint à une passion plus vive, un adage le frappa si fortement par sa vérité, qu'il jeta le livre au feu, et légua cette seule maxime à ses enfants en la nommant la clef du trésor de la vie. Cet adage le voici :

TOUTE FEMME EST PERFIDE ET SURTOUT CELLE QUI T'AIME.

Veux-tu, mon fils, être plus avisé que ce païen, plus éclairé que Salomon, plus sage que le prophète? Non, crois-moi, la beauté de la femme est comme le fourreau de nos sabres, c'est une enveloppe étincelante qui cache la mort. Ne va pas chercher ta ruine. Songe à Dieu, garde-toi pour tes anciens et vrais amis, et s'il faut tout dire, mon enfant, aie pitié de la mère et du vieil Hafiz.

— Tu as raison, » dit tristement Abdallah ; et il

se coucha en ramenant son burnous sur sa tête. Pour la première fois il ne croyait plus à ce que lui disait son oncle; pour la première fois le trèfle à quatre feuilles était oublié.

CHAPITRE XVI

L'ATTAQUE

La nuit est un remède pour la fatigue; c'est un poison pour le chagrin. Le fils de Youssouf se leva plus malade que la veille. Ivre d'une incurable folie, il ne se sentait plus maître de sa volonté ni de ses forces; c'était la furie de la fièvre, c'était l'abattement du désespoir. Malgré lui cette fatale litière l'attirait; il y courait, mais près de la joindre il tournait bride, poursuivi même en fuyant par deux yeux terribles et charmants. Si de loin il apercevait un cavalier qui s'approchait du palanquin, si le fils de Mansour se tournait vers les deux femmes, Abdallah lançait son cheval comme s'il allait frapper un ennemi; puis tout à coup il s'arrêtait, n'osant ni reculer ni marcher devant lui. Toute la matinée il fatigua la cavale. Haletante, couverte d'écume, la Colombe bondissait sous l'étrier qui la déchirait, étonnée de ne plus comprendre son maître et folle comme lui.

Le boiteux lançait des regards terribles sur la litière ; Léila était enfoncée dans un coin, la figure cachée par sa mante ; on ne voyait que Cafour, triste et muette comme un oiseau mouillé.

Plus tranquille de ce côté, Hafiz chercha son neveu : il le vit qui courait au hasard dans le désert. Tout en lui trahissait une âme malade. Le vieillard poussa son cheval près de celui d'Abdallah.

« Courage, neveu, lui dit-il ; tiens ton cœur : on est un homme pour souffrir, on est un musulman pour se résigner.

— J'étouffe, s'écria le jeune homme, je suis vaincu par le mal qui me dévore. Tout, mon oncle, tout, plutôt que ce que je souffre ! Vienne le danger, vienne l'ennemi, je veux me battre, je veux mourir !

— Désirs insensés, paroles coupables, dit sévèrement le vieillard. Dieu est le maître de la vie et de la mort. Prends garde qu'il ne t'exauce ! Pour nous punir, il suffit à Dieu de nous donner ce que lui demande notre folie. — Qu'est-ce que cela? ajouta-t-il en sautant à terre et en regardant le sable avec soin. Ce sont des pas de chevaux, le pied des chameaux n'y est pas mêlé. Une bande armée a passé par ici. Les traces sont fraîches, l'ennemi n'est pas loin. Sens-tu comme la passion nous perd? Toi, notre chef, tu n'as rien remarqué, tu nous conduis à la mort. »

Les deux compagnons regardèrent au loin sans rien voir que le désert. On traversait un pays désolé. La route tournait au milieu d'énormes blocs de granit rougeâtre, jetés au milieu des sables comme des ruines écroulées. De larges crevasses trouaient le sol, torrents desséchés, caves profondes, tombeaux ouverts pour le voyageur. Pas un oiseau dans l'air, pas une gazelle dans le lointain, pas un point noir à l'horizon ; un ciel d'acier, un silence de mort ; attaqué là, on n'avait rien à espérer que de son sabre et de Dieu.

Le boiteux courut à la tête de la caravane. Chacun se mit en rang, chacun se tut comme dans une marche de nuit ; on n'entendait que le bruit du sable qui craquait sous le pied des chameaux. Après une heure de route, une heure qui parut bien longue, on arriva près d'une colline qu'il fallait tourner. Hafiz prit les devants ; il monta sur les hauteurs, laissa son cheval à moitié chemin, et, en approchant du sommet, se glissa à plat ventre parmi les rochers. Il regarda longtemps, descendit sans faire de bruit, mit son cheval au galop, et vint se ranger près d'Abdallah ; sa figure était aussi calme qu'au départ.

« Il y a des tentes blanches dans la campagne, dit-il ; ce ne sont pas des Bédouins ; ce sont des Arnautes de Djeddah. Ils sont nombreux et ils nous attendent ; on nous a trahis. N'importe, nous leur vendrons notre peau plus cher qu'ils ne voudront la payer. En avant, mon fils, fais ton devoir. »

Et appelant à lui six des plus braves, le boiteux arma son fusil et reprit le chemin de la hauteur.

Abdallah arrivait en tête de la colonne, quand une fumée blanche partit d'un rocher ; on entendit siffler la balle, un chameau s'abattit. Ce fut aussitôt une confusion extrême dans la caravane : les chameaux, en reculant, se heurtaient et se renversaient l'un sur l'autre ; les conducteurs fuyaient à l'arrière, les cavaliers couraient en avant. On eût dit d'une forêt secouée par la tempête. La plainte des chameaux, le hennissement des chevaux se mêlaient aux cris des hommes ; c'était le bruit d'un nuage qui éclate. Dans ce premier désordre, une poignée de brigands que leurs vestes rouges, leurs caleçons blancs et leurs larges ceintures ne faisaient que trop reconnaître pour des Arnautes, se jeta sur la litière et la poussa en avant avec des hurlements de joie. C'est en vain qu'Abdallah et ses braves essayaient de charger, des tirailleurs embusqués les abattaient au passage. Trois fois le jeune chef lança son cheval contre ses invisibles ennemis, trois fois il lui fallut revenir sous une grêle de balles, ses compagnons tombant autour de lui.

Abdallah frémissait de rage ; près de lui, et non moins animé, était Omar qui déchirait ses habits ; Omar à qui la passion faisait oublier toute prudence, et qui ne songeait plus qu'au trésor qu'on lui ravissait.

« En avant, mon frère ! cria-t-il, en avant ! »

Tous deux rassemblaient leurs chevaux pour tenter un dernier effort, quand on entendit des coups de feu se succéder rapidement. Les Arnautes avaient compté sans le vieil Hafiz qui descendait sur leurs têtes et les fusillait sans pitié.

Le chemin libre, les deux frères s'y jetèrent, suivis par le boiteux.

« Doucement, mon fils, criait-il à Abdallah, ménage ton cheval, nous avons le temps.

— Où est Léila? mon oncle; ils l'enlèvent, elle est perdue.

— Vieux fou! dit Omar; crois-tu que ces brigands nous attendent? Vingt douros à qui abat le dromadaire. »

Un des Bédouins leva son fusil, et, ajustant l'animal, il tira, au risque de tuer les deux femmes. Le chameau, frappé à l'épaule, s'abattit, renversant avec lui son précieux fardeau.

« Très bien, jeune homme, dit le boiteux en regardant le Bédouin d'un air railleur. Les Arnautes te remercieront; tu les délivres du seul obstacle qui les gêne. A présent, la sultane est perdue. »

Hafiz n'avait que trop raison; les brigands entourèrent la litière, on en tira une femme enveloppée d'une mante noire; Abdallah reconnut Léila. Sur l'ordre d'un chef magnifiquement vêtu, un homme prit cette femme en croupe et partit au galop.

A cette vue, le fils de Youssouf s'abattit sur l'ennemi comme un aigle qui fend la nue.

« Chien, fils de chien, cria-t-il au chef, si tu es un homme, montre nous ta face! Est-ce pour fuir si vite que tu as un si beau cheval? »

Et il lui tira un coup de pistolet.

« Attends, fils de juif, dit le capitaine en se retournant; mon sabre a soif de ton sang.

— En avant, les enfants de la poudre! criait le vieil Hafiz. Chargez, mes fils; plutôt la mort que la honte! Chargez; les balles ne tuent pas. Ce que Dieu veut arrive, ce qu'il ne veut pas, n'arrive pas. »

Abdallah et l'Arnaute couraient l'un sur l'autre de toute la vitesse de leurs chevaux ; le capitaine arrivait, un pistolet d'une main, un sabre de l'autre ; Abdallah n'avait qu'un poignard qu'il tenait au poing ; il était couché en avant, la tête cachée par le cou de la cavale. L'ennemi tira sur le fils de Youssouf, il le manqua. Les deux chevaux se heurtèrent, les deux étriers se croisèrent, les deux hommes se prirent corps à corps. Mais Abdallah avait la force d'un furieux et d'un lion; il saisit son rival à la ceinture, le secoua d'une main terrible et lui enfonça le couteau dans la gorge. Le sang jaillit comme le vin d'une outre crevée, l'Arnaute tressaillit et se renversa; Abdallah le tira à lui et le jeta à terre comme pour l'y écraser.

« En voilà un qui ne boira plus, » dit Hafiz en sautant sur le mort pour le dépouiller.

La chute du capitaine, le sabre des Bédouins qui tombaient sur l'ennemi comme des abeilles dont on prend le miel, les cris des chameliers qui accouraient avec leurs fusils, décidèrent bientôt la journée; la troupe des Arnautes disparut au travers de la poussière et de la fumée; les plus braves restant en arrière, et déchargeant leurs armes pour protéger une retraite qu'on n'osait pas inquiéter. La victoire était chèrement payée; il y avait plus d'un blessé.

« Eh bien, frère, dit Omar dont les yeux jetaient du feu, restons-nous là quand ces brigands emportent notre bien?

— En avant! mes amis, criait Abdallah; encore un effort, il nous faut la sultane.

— Elle est ici, seigneur, elle est ici, » répondirent plusieurs voix. Abdallah se retourna brusquement; il vit devant lui Léila qu'on tirait de la litière, Léila tout éclaboussée de sang et de poussière, la figure pâle, les cheveux épars, et dans ce désordre plus belle que jamais.

« Sauvez-moi! criait-elle en lui tendant les bras; sauvez-moi! je n'ai d'espoir qu'en vous.

— Qui donc ces drôles ont-ils emmenée? demanda le boiteux.

— C'est Cafour, dit Léila. La folle avait pris ma mante et m'avait affublée de son burnous.

— Bien joué, dit en riant un Bédouin; ces fils de chien ont pris un singe pour une femme.

— Partons vite, mes amis, criait le fils de Mansour, qui dévorait Léila du regard. Partons, la journée est à nous. Allons, madame, dit-il à Léila, ne pleurez pas l'esclave; nous vous en donnerons une autre. Pour deux cents douros j'aurai la pareille à Djeddah, et je serai trop heureux de vous l'offrir.

— Partons, répétaient les chameliers; la bande est nombreuse, elle reviendra nous attaquer cette nuit. »

Hafiz regardait Abdallah.

« Quoi donc! dit le jeune homme ému de pitié, laisserons-nous la négresse entre les mains de ces misérables?

— Ce qui est écrit est écrit, répondit Omar,

qui avait perdu toute envie de combattre. Est-il sage, mon frère, de risquer ta vie et celle de ces braves musulmans pour courir après une païenne que nous remplacerons dans deux jours? Il nous faut partir; on nous attend à Taïf. Vas-tu nous quitter quand nous avons besoin de toi?

— Abdallah, dit la jeune femme en levant sur lui ses beaux yeux, ne m'abandonnez pas! »

Le fils de Youssouf mit la main sur son cœur, qu'il sentait faiblir. « Non, non, s'écria-t-il, il ne sera pas dit qu'un Bédouin manque à sa parole. Si on m'avait confié une balle de café, je ne la laisserais pas à ces voleurs, et je leur abandonnerais une créature de Dieu! Y a-t-il ici des hommes? Qui vient avec moi? » On fit silence; un des Beni-Ameurs s'avança.

« Nous avons six blessés, dit-il, et la sultane est sauvée. Nous avons rempli notre engagement.

— Allons, mon enfant, dit ironiquement le boiteux, je vois bien qu'il n'y a ici que nous deux qui ayons du sang de fou dans les veines. Partons. Avec l'aide de Dieu, nous aurons l'enfant.

— Adieu, frère, dit Abdallah en embrassant Omar; prends soin de l'étrangère; si dans deux jours tu ne me vois pas, dis au chérif que j'ai fait mon devoir, dis à ma mère qu'elle ne doit pas me pleurer. »

Et sans retourner la tête, le fils de Youssouf prit le chemin du désert, accompagné d'Hafiz qui lui dégrafa son burnous et lui jeta sur les épaules une couverture de chamelier. « Ce n'est pas la peau du lion qu'il nous faut, lui disait-il en riant, c'est la peau du renard. »

Omar les suivait des yeux, et quand il les vit s'éloigner : « S'ils ne revenaient point, pensa-t-il, ce serait une assez bonne affaire. J'aurai meilleur marché du chérif que de ce jeune homme. Ce n'est pas chose aisée que d'éblouir ou de tromper des têtes folles qui ne raisonnent pas. Vivent les gens qui calculent! on les achète toujours; leur sagesse nous les livre à moitié prix. »

Tout en marchant, Abdallah entendait derrière lui les cris des chameliers et le bruit de la caravane qui se mettait en mouvement. Tout ce qu'il aimait, il le quittait pour une enfant inconnue. Plus d'une fois il voulut regarder en arrière, mais il n'osait affronter son oncle, qui, les yeux fixés sur lui, semblait lire au fond de son cœur. Quand le dernier bruit s'éteignit dans le lointain,

Abdallah s'arrêta malgré lui; la cavale se retourna, le nez au vent, comme pour rejoindre ses amis; Hafiz mit la main sur l'épaule du jeune homme.

« Mon fils, lui dit-il, ta route est devant toi. »

CHAPITRE XVII

LA SULTANE

Après une heure de marche on aperçut les tentes des Arnautes, cachées jusque-là par un pli de terrain. Le camp était entouré de quelques broussailles où les chevaux paissaient en liberté.

« Arrêtons-nous ici, dit Hafiz en approchant d'un rocher dont la pointe s'éclairait encore aux derniers rayons du soleil ; nous avons six heures devant nous. »

Les chevaux entravés, le boiteux se mit à ramasser des branches mortes ; il en fit de petits fagots qu'il garnissait au dedans avec des cartouches et du coton. Quand il eut achevé sa besogne, il prit dans un sac un morceau de viande séchée et une poignée de dattes, puis, après avoir mangé, il alluma sa pipe et la fuma tranquillement.

« Maintenant, mon neveu, dit-il au fils de Youssouf, je vais dormir. Les amoureux n'ont pas besoin de repos, mais les vieillards ne sont pas comme les amoureux. Tu me réveilleras quand la grande Ourse et ses petits seront là-bas. »

Un instant après il dormait, tandis qu'Abdallah, la tête dans ses deux mains, songeait à celle qu'il avait sauvée et qu'il ne devait plus revoir.

Le boiteux se réveilla de lui-même un peu avant l'heure qu'il avait marquée; il regarda avec tendresse son jeune compagnon.

« Allons, enfant, lui dit-il, tu as voulu des dangers pour oublier ta folie, Dieu t'a exaucé; bon courage! Deux amis qui se tiennent sortiraient du feu. »

Arrivés près du camp, les deux Bédouins se glissèrent au milieu des ronces et des buissons. En rampant sous le ventre des chevaux, il leur fut possible de s'assurer qu'on était sans défiance. On n'avait posé de sentinelles que sur un point éloigné; tout dormait, les feux étaient éteints; il n'y avait de lumière que dans une seule tente. Les deux amis s'en approchèrent sans bruit et se couchèrent sur le sable. Comme ils étaient dans l'ombre, ils pouvaient voir sans être vus.

« Écoutons, dit le boiteux, peut-être saurons-nous où est l'enfant. »

Trois hommes, mieux vêtus que des soldats, étaient assis sur des tapis et fumaient de longues pipes autour d'une table[1] où l'on avait servi le café. Une lampe, placée au milieu du plateau, éclairait à peine leur visage. Tous trois parlaient avec vivacité.

« Mauvaise journée ! dit un des officiers ; qui eût dit au capitaine qu'il se ferait tuer par un chamelier ?

— Mon cher Hassan, repondit le plus jeune des convives, le malheur de l'un est le bonheur de l'autre. Le capitaine mort, c'est à nous qu'appartient le commandement.

— Fort bien, mon cher Mohammed, reprit Hassan ; mais qui de nous trois sera le chef ?

— Je vends ma chance, dit celui qui n'avait point encore parlé et qui tournait le dos à Abdallah. On prétend que la femme que nous avons

[1] Ces tables (*kursi*) sont des espèces de tabourets qui n'ont guère plus de 15 à 18 pouces de haut.

enlevée est une parente du pacha d'Égypte. Donnez-moi la sultane, je retourne en Épire pour y vivre à mon gré. Une barbe grise comme moi se soucie peu d'une femme, mais le chérif doit avoir d'autres idées; pour lui la prisonnière vaut bien cinq mille douros.

— Accepté, dit Hassan. Kara-Chitan[1], je te cède ma part de prise.

— Non pas moi, reprit Mohammed; j'ai vingt-cinq ans, je ne vends pas de femmes. L'idée d'épouser une sultane me sourit. Je ne serais pas fâché d'être le cousin du pacha. Ma part de commandement pour la princesse; j'ai le temps d'être capitaine.

— On peut s'entendre, dit la barbe grise, à l'un l'épée, à l'autre la femme, à moi l'argent.

— Soit, dit Hassan, j'offre deux mille douros.

— Et que me donnera Mohammed ?

— Mohammed, dit en riant le jeune homme, te promet tout ce que tu voudras. Quand on n'a que l'espérance dans sa bourse, on ne marchande point.

— Tu as une jument noire, je la prends.

[1] En turc : *Satan le Noir*.

— Vieux juif ! s'écria Mohammed ; avise-toi de toucher à ma jument, je te casse la tête.

— Tu n'auras donc pas la sultane, reprit la barbe grise.

— Qui m'en empêchera ?

— Un homme qui ne te craint guère, » dit Kara-Chitan.

Il alla au fond de la tente, et touchant le rideau qui la coupait en deux : « L'étrangère est là, dit-il, viens la chercher. »

Mohammed tira son poignard ; Hassan se jeta entre les rivaux, opposant les prières et les conseils aux insultes et aux menaces, sans pouvoir imposer silence aux deux ennemis.

« Nous les tenons, murmura le boiteux à l'oreille d'Abdallah. Je vais les attirer hors de la tente, prends l'enfant, pars avec les chevaux, et attends-moi aux Roches rouges jusqu'à l'aurore. »

Hafiz rampa quelques instants, puis, armé de ses fagots, il les glissa de place en place sous les tentes les plus éloignées, en allumant une mèche soufrée qui sortait de chaque fascine.

A force de paroles et de promesses, Hassan avait pacifié les deux chefs ; Kara-Chitan, tout joyeux, enfonçait dans sa ceinture un sabre magnifique que Mohammed regardait avec regret :

« Enfin, dit le jeune homme, puisque j'ai acheté la sultane, donne-la-moi.

— C'est juste, » dit la barbe grise ; il appela à haute voix l'étrangère. Le rideau se leva, il en sortit une femme voilée, enveloppée dans une mante d'Égypte. Le jeune Arnaute s'approcha d'elle, et d'une voix adoucie :

« Madame, lui dit-il, la guerre a ses droits, vous n'êtes plus au chérif, et vous m'appartenez. Je vous ai payée de mon or, je vous aurais payée de mon sang.

— C'est cher, dit une voix rieuse qui fit tressaillir Abdallah.

— La beauté n'a pas de prix, ajouta Mohammed ; quel trésor payerait vos charmes !

— Deux bourses suffiraient, répondit la dame voilée.

— Madame, ce n'est pas l'avis du chérif. Le chef des croyants donnerait la moitié de ses richesses pour être à ma place et tenir près de lui la belle Égyptienne.

— Si la caravane marche toujours, reprit l'inconnue, la belle Égyptienne sera demain à Taïf.

— Qui donc êtes-vous? demanda Mohammed.

Pour toute réponse, le voile tomba et découvrit la face noire et les dents blanches de Cafour. La négresse faisait une si étrange figure que l'Arnaute à barbe grise ne put s'empêcher de rire, ce qui mit au comble la fureur de son jeune compagnon.

« Malheur à qui s'est joué de moi ! cria Mohammed en regardant Kara-Chitan ; on me le payera tôt ou tard ; quant à toi, chienne, tu ne le porteras pas loin. » Et, aveuglé par la rage, il prit un pistolet et tira sur l'enfant.

La négresse chancela, en poussant un cri de douleur et d'effroi. Au même instant partit un coup de feu : Mohammed tourna sur lui-même et tomba. Abdallah était dans la tente, un pistolet au poing.

« Aux armes! » crièrent les deux chefs en portant la main à leur ceinture.

Plus prompte que l'éclair, Cafour renversa d'un coup de pied la table et la lampe ; Abdallah sentit une petite main qui saisissait la sienne, on le tirait vers le fond de la tente. Passer dans la chambre des femmes, soulever un coin de la toile fut chose aisée pour Cafour, qui semblait voir dans la nuit. Une fois dehors, Abdallah prit l'enfant dans ses bras et s'enfuit au désert.

La voix des chefs avait mis sur pied toute la bande; mais en se précipitant sous la tente on ne trouva personne.

« A cheval ! dit Hassan ; mort ou vif, le traître ne nous échappera pas ! »

Tout à coup une fascine en flammes tomba au milieu des broussailles. Les chevaux effrayés se ruèrent dans la plaine; en même temps on criait au feu. L'incendie gagnait le camp sur quatre points, tandis que dans le lointain on tirait sur les sentinelles.

« Allons, enfants, dit le capitaine; c'est une attaque en règle; l'ennemi est là-bas; en avant ! »

Le boiteux avait l'oreille contre terre; dès qu'il entendit qu'on venait à lui :

« Dieu est grand, s'écria-t-il, Abdallah est sauvé. »

Il se jeta dans un buisson, laissa défiler les Arnautes; puis, sautant sur un cheval égaré, il se lança dans le désert sans s'inquiéter des balles qui sifflaient après lui.

CHAPITRE XVIII

FEUILLE D'ARGENT

Abdallah courut avec son fardeau jusqu'au rocher où il avait entravé les chevaux. Il fit asseoir l'enfant devant lui sur la selle, et rendit la main à la Colombe, qui se mit à dévorer la terre, suivie par le cheval du boiteux. Une heure passa avant que le fils de Youssouf osât écouter derrière lui; plus tranquille à mesure qu'il s'éloignait davantage, il ralentit enfin le pas de sa monture, essayant de s'orienter au milieu de la nuit, pour gagner le rendez-vous que son oncle lui avait donné.

Pendant cette course rapide, Cafour était restée muette et immobile, se serrant contre Abdallah; quand elle comprit que le danger était passé, elle appela tout bas son sauveur.

« Toi aussi, lui dit-elle, tu étais donc prisonnier ?

— Non, grâce à Dieu, répondit Abdallah.

— Alors, pourquoi venir chez tes ennemis ?

— Pourquoi ? dit le fils de Youssouf en souriant, mais pour te sauver, je suppose. »

La réponse surprit Cafour ; elle réfléchit quelque temps.

« Pourquoi, dit-elle, voulais-tu me sauver ?

— Parce qu'on t'avait confiée à ma garde.

— Garde-moi toujours, Abdallah ; personne ne me protégera comme toi.

— Je ne suis pas ton maître, reprit le jeune chef ; tu appartiens à Léila. »

Cafour soupira et ne dit plus rien. Arrivé aux Roches rouges, Abdallah prit l'enfant pour la mettre à terre. La négresse poussa un cri qu'elle étouffa aussitôt. « Ce n'est rien, maître, dit-elle à voix basse ; je suis blessée ; » et à la clarté des étoiles, elle lui tendit son bras sanglant. La balle avait glissé contre l'épaule en déchirant la chair. Abdallah examina la plaie, l'épongea et y mit un bandage ; Cafour le regardait avec étonnement.

« Puisque je ne t'appartiens pas, lui dit-elle, pourquoi prends-tu soin de moi ?

— Silence, païenne ! tu ne connais pas les paroles du livre de vérité : « Adorez Dieu et ne lui « associez personne. Soyez bons pour vos père et « mère, pour vos parents, pour les orphelins, « pour les pauvres, pour le prochain qui est « de votre sang, pour le prochain qui vous est « étranger, pour vos compagnons, pour le voya- « geur, pour l'esclave que votre main possède, « Dieu n'aime ni l'orgueil, ni la vanité, ni l'ava- « rice[1]. »

— Cela est beau, dit Cafour, c'est un grand Dieu qui a dit cela.

— Tais-toi et dors, interrompit le jeune homme ; demain la route sera longue, tu as besoin de te reposer. »

Tout en parlant, Abdallah prit l'enfant sur ses genoux, et l'enveloppant de son burnous, il lui appuya la tête sur son bras droit. Cafour s'endormit bientôt ; son sommeil était agité ; elle parlait en rêvant ; Abdallah lui sentait battre le cœur. Peu à peu elle se calma, ses membres se détendirent, c'est à peine si on l'entendait respirer. Le soldat berçait doucement cette fille que le hasard

---

[1] Coran, IV, 40.

de la guerre lui avait donnée pour un jour; en regardant cette pauvre créature, il songeait à ce qu'avait souffert pour lui sa mère, et c'est à elle seule qu'il pensait.

Il resta ainsi jusqu'aux dernières heures de la nuit, jouissant d'une paix inconnue. Autour de lui tout faisait silence : sur la terre, point de vent, point de bruit; au ciel, point d'autre mouvement que celui de cette armée lumineuse qui depuis tant de siècles obéit au commandement de l'Éternel. Ce repos de toutes choses rafraîchissait l'âme d'Abdallah; il en oubliait et les dangers du jour et les inquiétudes du lendemain.

L'aube s'annonçait à peine par une teinte plus claire à l'horizon, lorsqu'on entendit dans le lointain l'aboiement d'un chacal. Le cri recommença trois fois, Abdallah se mit à le répéter. On lui répondit, puis un cheval haletant s'arrêta court devant le rocher; Hafiz était sauvé.

« Eh bien, neveu, dit-il en riant, le tour est oué : les voilà enfumés comme des rats. En route! il ne faut pas qu'on nous attende à Taïf. »

Une lueur rouge colorait le levant; Abdallah

étendit le tapis de la prière, les deux compagnons, tournés vers la Mecque, remercièrent le Tout-Puissant qui les avait tirés du danger.

« Abdallah, dit Cafour en se jetant à genoux devant son sauveur, tu es mon dieu, c'est toi que j'adore.

— Tais-toi, maudite, s'écria le fils de Youssouf. Il n'y a qu'un Dieu qui n'a point d'associé : c'est l'Éternel, c'est l'Incomparable, c'est l'Unique, c'est lui seul qu'il faut adorer et prier.

— Que ton dieu soit donc le mien, dit Cafour; je ne veux plus d'un dieu qui me laissait tuer.

— Ton dieu, dit Abdallah, est aveugle, sourd et muet; c'est quelque morceau de bois qui pourrit au fond du Magreb.

— Non, interrompit l'enfant, mon dieu était avec moi et il m'a trahie. Tiens, ajouta-t-elle en tirant de ses cheveux une touffe de plumes; prends-le, brise-le, je le maudis.

— Est-ce là ton dieu, ce paquet de plumes? dit le boiteux en souriant.

— Oui, répondit l'enfant; c'est le dieu que ma mère m'a donné quand elle m'a vendue. Il est beau, regarde. »

Et arrachant les plumes qu'elle brisait en les

injuriant, elle tira de la touffe une petite lame d'argent qu'elle offrit au fils de Youssouf.

« Mon oncle, s'écria celui-ci dans un transport de joie, regarde ce qui nous vient du Magreb. Dieu nous envoie la feuille de trèfle. Mon oncle, vous m'avez sauvé. Gloire et reconnaissance à Dieu ! »

Et les deux amis, ivres de joie, embrassaient l'enfant qui, ne comprenant rien à leurs caresses, les regardait avec des yeux humides, étonnée et heureuse de se sentir aimée.

CHAPITRE XIX

LE SECRET

Quand les deux amis aperçurent enfin la caravane qui dans le lointain se déroulait comme un serpent énorme, le soir approchait; un dernier rayon de soleil illuminait les blanches maisons de Taïf, qui brillaient au milieu des jardins comme des églantines dans un buisson. On sortait de l'empire des sables, le danger était vaincu, le voyage achevé. A la vue de Taïf, Abdallah fut saisi d'une tristesse amère. Inquiet, troublé, hors de lui-même, une seule pensée occupait son âme, Léila était perdue pour lui. Les Bédouins saluèrent par des cris joyeux le retour de leurs compagnons; Omar embrassa son frère avec une tendresse extrême; Abdallah resta froid à toutes ces caresses, il ne s'émut qu'en quittant Cafour. La pauvre fille s'était jetée dans les bras de son sauveur; rien ne pouvait l'en arracher. Pour en venir à bout il fallut qu'Abdallah, d'une voix sévère, lui ordonnât de rejoindre sa maîtresse. Elle partit tout en pleurs; le fils de Youssouf la suivit d'un long regard; il avait brisé le dernier lien qui le rattachait à Léila.

Cafour approchait de la litière quand Omar l'appela en lui montrant deux objets qu'il tenait à la main. « Viens ici, fille de Satan, lui dit-il d'un ton moitié railleur, moitié menaçant. Sais-tu la différence qu'il y a entre le bâton que voici et ce collier de perles à cinq rangs?

— La même différence qu'entre ton frère et toi, répondit la négresse. L'un est beau comme l'arc-en-ciel, l'autre n'est bon qu'à brûler au feu d'enfer.

— Tu as l'esprit de ton père, reprit tranquillement Omar; il ne te sera donc pas malaisé de choisir. Veux-tu le collier?

— Sans doute, répondit l'enfant dont les yeux brillaient; que faut-il faire?

— Peu de chose. Dans une heure tu seras au harem; on voudra te voir, rien ne te sera plus facile que d'arriver jusqu'à la femme du chérif, la sultane Fatime. Charge-toi de lui répéter mot à mot ce que je vais te dire ; le collier est à toi.

— Donne, dit Cafour en tendant la main ; j'écoute et j'obéis.

— Quand tu seras avec la sultane, et que tu l'auras fait rire avec ta figure de singe et tes grimaces de chat, dis-lui tout bas : « Maîtresse, le message d'un ami. » Elle t'écoutera, récite-lui ces paroles :

« Lune de mai, une nouvelle lune approche.
« Si tu ne veux pas qu'elle trouble la sérénité de
« tes nuits, retiens le soleil dans le signe des
« Gémeaux. Presse, prie, exige. Prends pour
« devise : L'amour est comme la folie, on lui
« pardonne tout. »

— Répète la dernière phrase, dit Cafour. Bien, je la sais maintenant : « L'amour est comme la « folie, on lui pardonne tout. » La sultane aura ton message. Un seul mot ; ces paroles ne peuvent faire aucun mal à ton frère ?

— Aucun, répondit le fils de Mansour en cachant un sourire. En tout ceci il n'est point question d'Abdallah ; nul danger ne le menace ; s'il était en péril, ces paroles mêmes seraient son salut. Adieu ; sois muette avec tout le monde, et si tu m'obéis, compte sur ma générosité. »

« La datte est mûre, ajouta-t-il en se parlant à lui-même, qui la cueillera? Me voici débarrassé du bel Abdallah ; à moi maintenant d'enflammer la jalousie de la sultane et d'ajouter aux ennuis du chérif. Le jeu n'est pas sans danger ; mais, coûte que coûte, il faut que Léila quitte le harem; si elle en sort, elle est à moi. »

En rejoignant sa maîtresse, Cafour fut étonnée de la trouver pâle et défaite, avec la fièvre dans les yeux.

« Qu'as-tu? disait l'enfant; tu pleures quand ton bonheur va commencer. Tu auras quatre esclaves pour te servir ; on te donnera des vestes de satin et de velours, des écharpes de cachemire, des babouches brodées de perles et d'or ; tu porteras des colliers d'émail, des plaques de diamants, des bracelets de rubis et de saphirs. Qu'est-ce qu'une femme peut désirer de plus? En partant d'Égypte, tu te trouvais heureuse de venir ici, pourquoi as-tu changé?

— Tu ne peux me comprendre, dit Léila d'une voix languissante; tu n'es qu'une enfant.

— Je ne suis plus une enfant, maîtresse, reprit la négresse ; j'ai bientôt douze ans, je suis une femme, tu peux te fier à moi.

— Ah ! ma pauvre Cafour, s'écria l'Égyptienne en soupirant, veux-tu ne donner ton cœur à personne, ferme les yeux. Pourquoi ai-je vu ce beau jeune homme ? Sans lui je serais entrée au harem avec joie ; maintenant je n'y serai plus qu'une morte parmi les vivants.

— Tu aimes donc Abdallah ? demanda l'enfant, tout émue de la confidence.

— Si je l'aime ! Crois-tu qu'on puisse le voir sans l'aimer ? Y a-t-il dans le paradis un plus beau visage que le sien ? Son regard est si gracieux, sa voix si douce ; son nom même est un parfum. Si je l'aime ? Éveillée, mon cœur ne vit que pour lui ; endormie, mon cœur veille et languit d'amour. Plût à Dieu que je fusse née sous la tente et que ce Bédouin fût mon frère ! j'irais à lui, je me jetterais dans ses bras, et on ne me mépriserait point.

— Pars avec lui, dit Cafour. Je vais lui dire qu'il t'enlève.

— Y penses-tu ? Je suis une esclave, j'ai un maître. Crois-tu d'ailleurs qu'Abdallah manque jamais à sa parole ? C'est lui qui me conduit au chérif ; veux-tu qu'il trahisse sa foi ?

— Alors dis au chérif qu'il te donne Abdallah pour mari.

— Tais-toi, sotte. Une pareille demande serait pour nous tous un arrêt de mort. »

Cafour se mit à réfléchir et répéta tout bas le message d'Omar, puis regardant Léila :

« Maîtresse, lui dit-elle, si tu deviens la femme d'Abdallah, s'il t'emmène sous la tente, me garderas-tu avec toi ?

— Toujours, mon enfant ; je t'aime, tu ne me quitteras jamais.

— Toute ma vie je serai ton esclave et l'esclave d'Abdallah ?

— Sans doute. A quoi bon cette demande ?

— Jure-moi cela, reprit Cafour d'un ton solennel, et laisse-moi faire. Ne m'interroge pas, ne secoue pas la tête avec dédain. Que risques-tu de jurer ? Veux-tu me chasser ou me vendre ?

— Non certes. S'il plaît à Dieu que je devienne la femme de celui que j'aime comme mon âme, tu resteras toujours avec nous ; je le jure au nom de Dieu le clément, le miséricordieux, le seigneur des mondes...

— Maîtresse, je ne suis qu'une païenne ignorante, jure-moi seulement par le Dieu d'Abdallah. »

C'est en causant ainsi que les deux amies entrèrent au harem, où les attendaient de nombreuses compagnes. Cafour, toujours riant, sauta en bas du palanquin, et courut vers une grande salle, richement éclairée, où l'on apercevait des tables couvertes d'argenterie et de fleurs. Léila se plaignit des fatigues de la route, et se retira dans sa chambre pour y pleurer en liberté. Douleur inutile, remède impuissant pour un mal qui ne veut pas guérir ! « Celui qui s'enivre de vin, a dit le sage de Chiraz, s'éveille au milieu de la nuit : celui qui s'enivre d'amour ne s'éveillera qu'au matin de la résurrection [1]. »

[1] *Gulistan*, traduction Defrémery, page 240.

CHAPITRE XX

LA PATIENCE DU RENARD

Abdallah voulait partir le soir même; Hafiz n'était pas moins impatient. Il lui semblait qu'en fuyant au désert son neveu laisserait derrière lui l'inquiétude et le chagrin. Mais le chérif avait annoncé que le lendemain il recevrait les chefs de la caravane. C'était un honneur qu'on ne pouvait décliner.

De bonne heure on se réunit au palais : la cour était pleine de Bédouins, tous vêtus de leurs robes bleues rehaussées par une écarlate jetée sur l'épaule. Chacun d'eux voulait serrer la main du courageux Abdallah et du prudent Hafiz. Omar causait à voix basse avec le boiteux : pour la première fois l'Égyptien se plaignait des dangers de la route; pour la première fois il accusait le chérif d'avoir exposé tant de braves à une mort certaine. Hafiz approuvait ces paroles, et les appuyait avec une chaleur qui charmait le fils de Mansour.

Des esclaves noirs introduisirent les visiteurs dans une salle garnie d'un riche tapis, et tout entourée de divans de soie verte, brodés d'or. Les murs étaient nus ; il n'y avait pour tout ornement qu'un beau sabre turc, enrichi de topazes et de rubis. C'était un cadeau du sultan ; Omar en fit la remarque au boiteux, qui, tout en murmurant contre ce qu'il nommait une faiblesse, ne s'inclina pas avec moins de respect devant le chef des croyants. Après avoir reçu les salutations de toute la bande, le chérif frappa des mains ; on servit aussitôt la pipe et le café. Les Bédouins s'assirent à terre, chacun se mit à fumer en silence ; Abdallah tressaillit ; dans la foule des serviteurs qui se tenaient aux ordres du maître, il venait d'apercevoir Cafour, qui portait la main à son cou. Était-ce à lui, était-ce à un autre que l'enfant faisait signe ? c'est ce qu'il ne pouvait deviner : personne ne levait les yeux et Omar moins que personne.

Le descendant du Prophète semblait abîmé dans de profondes réflexions. C'était un vieillard de

noble apparence; une barbe blanche, un nez
busqué, des yeux éteints lui donnaient un air de
majesté. Un large turban, une robe bleue du cachemire le plus fin, une ceinture de pourpre et d'or,
où étincelait un poignard couvert de pierreries
ajoutaient encore à la dignité du personnage. Au
fond, le chérif était un sage qui ne songeait qu'à
lui. Intraitable pour qui troublait son repos, c'était le plus doux des hommes quand on ne le dérangeait ni dans ses passions, ni dans ses habitudes. Le pouvoir ne l'avait pas gâté; il écoutait
volontiers la vérité quand elle ne le touchait pas,
et souffrait sans se plaindre les mensonges les
plus outrés de ses flatteurs et de ses domestiques.
Esprit délicat, grand ami des contes, poëte raffiné, sa seule faiblesse, faiblesse naturelle à son
âge, c'est qu'il avait besoin d'être aimé. Grâce à
ce secret qu'elle avait surpris dès le premier jour,
la belle Fatime avait fait de son maître le plus
obéissant des esclaves; elle lui imposait toutes
ses fantaisies en lui répétant que les caprices
d'une femme sont la preuve de son amour. A
soixante ans, il est plus commode de croire que
de quereller; le chérif cédait pour éviter l'orage,
trop heureux quand on le payait d'une caresse.

Ce jour-là, du reste, il n'y avait point de nuage à l'horizon ; le chef des croyants était d'une humeur excellente ; il souriait en promenant ses doigts dans sa longue barbe ; on eût dit d'un homme à demi éveillé et cherchant à retenir le rêve heureux qui va s'envoler.

La seconde pipe achevée, le chérif prit la parole, et avec un choix de termes exquis il remercia les Bédouins et Omar de leur visite et de leurs services. Au lieu de répondre à cette bienveillance, le fils de Mansour se leva comme un coupable frappé de terreur, et, se prosternant devant le descendant du Prophète, il lui baisa les pieds.

« Fils d'Ali et d'Hassan, dit-il d'une voix entrecoupée, je sais ce que mérite l'esclave qui a été assez malheureux pour laisser violer le dépôt de son maître. Je connais mon crime, j'attends sans me plaindre le châtiment que ta justice me réserve.

— Relève-toi, dit le chérif avec bonté. Ce qui est écrit est écrit. Dieu fait alterner les revers et les succès parmi les hommes afin de connaître les croyants et de choisir parmi vous ses témoins [1].

---

[1] Coran, III, 134.

Quant à l'insulte que m'ont faite ces misérables, je choisirai le jour et l'heure de la réparation. Patience ! avec de la patience on vient à bout de tout.

— Hélas ! reprit le fils de Mansour toujours à genoux, l'attaque n'est rien ; mon frère Abdallah et ses braves Bédouins ont repoussé les traîtres. Mais nous avons été surpris ; l'esclave a été un instant entre les mains de l'ennemi ; ces gens sans foi et sans honneur lui ont arraché son voile ; cette beauté, qui devait être sacrée pour tous, d'indignes regards l'ont profanée.

— Assez ! interrompit le chérif, à qui ce récit déplaisait. Le soin de mon honneur me regarde. Patience.

— Patience ! s'écria le boiteux ; c'est ce que disait le renard qui faisait le mort.

— Que disait le renard ? demanda le chérif en regardant d'un œil sévère Hafiz, qui semblait ému par un tout autre sentiment que la crainte.

— Il y avait une fois, dit le Bédouin, un renard qui se faisait vieux. Il avait renoncé à la chasse et aux aventures pour entrer tous les soirs dans un poulailler voisin de sa tanière. C'est là qu'il s'engraissait sans peine et sans péril. Un

jour il s'oublia ; quand il voulut sortir, le soleil était levé et chacun à sa besogne. Regagner le logis était chanceux ; pour ne pas braver un danger visible, le renard imagina de s'étendre le long du chemin et de faire le mort. « Patience, disait-
« il ; dans la patience est le salut. »

« Le premier qui passa près de la bête n'y fit pas attention ; le second la retourna du pied pour s'assurer qu'elle ne vivait plus ; le troisième était un enfant, qui s'amusa à lui arracher le poil des moustaches.

« Patience, dit le renard ; cet enfant ne sait
« ce qu'il fait ; il ne veut pas m'insulter ; mieux
« vaut endurer un ennui que de s'exposer à la
« mort. »

« Vint ensuite un chasseur, le fusil sur l'épaule :
« L'ongle de cet animal, dit-il, est un remède
« souverain contre le panaris. »

« Et il tira son couteau.

« Patience, dit le renard ; mieux vaut vivre
« avec trois pattes que de mourir avec quatre. »

« Sur quoi il se laissa estropier sans souffler.

« Passa enfin une femme qui portait un enfant sur la hanche.

« Avec les dents de cette bête, dit-elle, je ferai

« un collier qui préservera mon nourrisson du
« mauvais œil. »

— Je connais cette fable, interrompit le chérif : quand la mère approcha, le renard la mordit au visage.

— Mon histoire ne dit pas cela, reprit gravement le boiteux ; quand une fois on transige avec son âme on ne s'arrête plus. Le renard se laissa dépouiller de ses dents, en répétant : Patience, patience, et il attendit qu'un dernier larron lui arrachât le cœur. C'est alors seulement qu'il s'aperçut, mais trop tard, que le plus certain des dangers, c'est la patience.

— Je commence à le croire, dit le chérif, depuis qu'un Bédouin vient jusque dans mon palais réciter ses sottes histoires. Il faut être un pâtre grossier pour ne pas comprendre mon indulgence et pour insulter à ma bonté. Si la caravane a été compromise dans un pays sûr, où passent tous les marchands, à qui la faute, sinon à ceux qui ont choisi pour chef un enfant que j'épargne par pitié ? Douze Beni-Ameurs, armés et résolus, traverseront toujours le désert sans qu'on ose les attaquer ; pour que les Arnautes vous aient surpris, il faut qu'on vous ait tendu un piége, et vous y êtes tombés ou par folie ou par trahison.

— Seigneur, s'écria le fils de Mansour en levant des mains suppliantes, tu dis vrai ; c'est là qu'est ma faute. En choisissant pour chef de la caravane mon frère et mon ami, j'aurais dû penser qu'à notre âge la passion rend aveugle. Le hasard nous a perdus. Dès le début du voyage, la vue de l'esclave a troublé ce jeune homme et lui a fait oublier toute prudence.

— Qu'est-ce que j'entends? dit le chérif, dont les yeux s'enflammaient. Est-ce ainsi qu'on m'obéit? est-ce ainsi qu'on me respecte? Malheur à qui s'est joué de moi ! on verra si je souffre l'insulte ! Toi, marchand, tu seras puni de ton imprudence, et toi, jeune homme, tu payeras ta folie. »

Et appelant un nègre qui avait un large sabre au côté, le chef des croyants lui montra Omar et Abdallah, et coupa l'air avec sa main. C'était l'arrêt de mort.

Les Bédouins se regardèrent en frémissant, mais personne, pas même Hafiz, n'osa se révolter contre le descendant du prophète. Omar reçut l'arrêt sans pâlir; il chercha autour de lui, comme pour implorer du secours, et levant la main, il fit à la négresse un signe que l'enfant ne parut pas comprendre. Le fils de Mansour fronça le sourcil avec colère : — Maudit soit le derviche murmura-t-il. Aurait-il dit la vérité? Ma confiance dans ce Bédouin va-t-elle me jeter dans l'abîme? Aurais-je aimé cet insensé plus que je ne croyais ? »

Abdallah leva les yeux sur l'exécuteur et sourit avec fierté.

« Pauvre enfant, dit Hafiz en embrassant son neveu ; c'est moi qui t'égorge.

— Non, mon père, répondit le jeune homme ; c'est Dieu qui donne la vie et la mort. Résigne-toi et console ma mère. Ne me plains pas ; pour moi la mort vaut mieux que la vie. »

Puis, se tournant vers Omar, qui avait toujours l'œil fixé sur la négresse, il lui tendit la main :

— Frère, lui dit-il, pardonne-moi au nom de celle qui a pris soin de ton enfance. »

Et saluant avec respect le chef des croyants, il se mit à genoux et tendit la tête.

« Arrêtez! cria Cafour en tombant aux pieds du chérif. C'est moi qui ai fait la faute, c'est moi qui ai arraché le voile de ma maîtresse. Tuez-moi, mais épargnez Abdallah.

— Qu'on chasse cette fille de chienne, dit le chérif, et qu'on la châtie jusqu'à ce qu'elle se taise.

— Grâce! disait l'enfant qu'un nègre emportait ; grâce! et par un effort désespéré elle s'arracha des bras de l'esclave, en lui laissant dans les mains un morceau de sa robe. Pitié! murmurait-elle en embrassant les genoux du chérif qui la repoussait brutalement. Pitié! maître, Abdallah est innocent, ce n'est pas lui qui est le coupable. Puis tout d'un coup, apercevant les traits contractés d'Omar, et comme illuminée par un éclair, elle se leva, et tendant le bras vers le prince : Ne sois pas cruel, lui dit-elle. Souviens-toi que l'amour est comme la folie : on lui pardonne tout.

— Attends ! cria le chérif au bourreau. Voilà, pensa-t-il quelque chose d'étrange : c'est la phrase même que Fatime me répétait ce matin et qu'elle n'a jamais voulu m'expliquer... Approche, enfant, dit-il à Cafour d'une voix adoucie. D'où viennent ces paroles, le sais-tu ?

— Oui, je le sais, dit la négresse ; elles viennent d'une bouche d'où ne sortent jamais que la consolation et la pitié.

— Tu en connais le sens ?

— Oui, reprit Cafour qui tremblait en parlant. Ces paroles, Abdallah ne les a jamais entendues ; mais Omar en a depuis longtemps le secret ; interroge-le, il te dira tout.

— O mon maître, dit Omar, se traînant aux pieds du chérif et lui parlant à mi-voix : l'enfant a raison. Je connais trop ces paroles ; ce sont elles qui ont causé ma faute et qui peut-être l'excusent. Qui peut tromper un cœur jaloux ? Quand tu m'as fait venir à Taïf, on a soupçonné ton message, je n'étais pas sorti de ton palais que déjà on m'avait arraché une promesse folle à laquelle je n'ai que trop fidèlement obéi. J'ai compromis l'esclave comme on me l'avait ordonné. Pouvais-je résister à une volonté que ton amour protége ? Heureux celui qui peut inspirer une passion si vive ; le bonheur ne le rendra-t-il pas indulgent ?

Tout en mentant avec impudence, le fils de Mansour étudiait la figure du chérif, qui reprenait sa sérénité. Bientôt Omar ne supplia plus ce vieillard qui avait dans ses mains la vie et la mort ; sûr de le tenir, il se mit à le flatter sans mesure, et peu à peu, par ses adroites paroles, il apaisa les derniers flots qui grondaient encore dans une âme en courroux.

« Relève-toi, je te fais grâce, dit enfin le chérif; je pardonne aussi à ce fier Bédouin qui me brave jusque sous le sabre du bourreau. J'ai montré que je ne craignais personne et que je savais punir qui m'insulte ; c'est assez; je garde le sang de mes fidèles pour une meilleure occasion. Jeune homme, ajouta-t-il en regardant Abdallah avec un sourire plein de confiance, souviens-toi que désormais ta vie m'appartient; je compte sur toi pour venger notre commun outrage, et je compte aussi sur tes amis. »

Pour toute réponse, le fils de Youssouf prit la main du chérif et la baisa avec une profonde émotion, pendant qu'Hafiz faisait éclater sa reconnaissance et sa joie.

« Çà ! dit le chef des croyants en appelant Cafour, viens ici, fille de la nuit ; est-ce là tout ce que t'a dit la sultane?

— Non, répondit hardiment la négresse en prenant un air mystérieux ; la sultane m'a dit encore que si tu lui pardonnais la folie de son amour, il lui fallait une preuve de ta tendresse.

— Parle ! dit le vieillard, que puis-je refuser

à une pauvre créature qui m'aime jusqu'à en perdre la raison?

— La sultane craint que tu ne rejettes sa demande ; pour lui accorder ce qu'elle veut, il faut, dit-elle, un amour aussi grand que le sien.

— Parle donc ! reprit le chérif, tu me fais mourir d'impatience.

— Eh bien, dit Cafour, ne lui donne pas pour rivale cette étrangère déshonorée par le regard des Arnautes et des Bédouins.

— N'est-ce que cela ? répondit en souriant le chef des croyants. Élever jusqu'à moi cette femme, après ce qui s'est passé ; jamais ! Elle restera esclave et finira ses jours dans un coin du harem.

— Ce n'est pas ce qu'entend la sultane ; elle est jalouse, elle est inquiète. Ce qu'elle veut, c'est que Léila sorte du palais pour ne plus y rentrer. Que mon époux, disait-elle, que le bien-aimé de mon âme me donne un dernier gage d'amour. Ne peut-il laisser cette créature à ceux qui l'ont amenée ! Parmi les Bédouins il sera facile de lui trouver un parti honorable, et moi du moins je serai seule à aimer le maître de ma vie.

— Que les femmes sont faibles ! s'écria le descendant du Prophète. Le Coran a bien raison de nous recommander l'indulgence, à nous qui avons la force et le sens en partage. C'est de la folie que cette jalousie de Fatime, je rougirais de lui céder; mais il me plaît de lui montrer que rien n'est impossible ni à mon pouvoir ni à mon amour. Va chercher Léila, annonce à la sultane que sa rivale ne rentrera pas dans le harem. C'est là ma volonté; j'entends que chacun la respecte. »

Et se tournant vers les Bédouins :

« Mes amis, dit le chérif à haute voix, je vous fais juges de ma conduite. Que dois-je faire de l'Égyptienne que vous avez escortée? Par respect pour moi, je ne puis la prendre pour femme ; par respect pour le pacha, je ne puis la garder comme esclave. Voici donc ce que je propose : s'il en est un parmi vous qui veuille épouser l'étrangère, je la lui donnerai avec une dot convenable; sinon, je la marierai à quelque riche marchand de Médine ou de la Mecque.

— Dieu est grand! s'écria le fils de Youssouf, en saisissant le bras de Hafiz. Ne cherchons plus le trèfle à quatre feuilles ; le voilà, il est à moi; j'ai trouvé le bonheur.

— Du courage, mon fils, dit le boiteux ; il en faut même pour être heureux. Je ne crois pas, ajouta-t-il en regardant le chérif, qu'il soit nécessaire d'aller jusqu'à la Mecque pour établir l'étrangère. S'il ne lui faut qu'un mari, voici un jeune homme qui ne le cède à personne ni pour la naissance, ni pour la fortune, ni pour le cœur.

— Seigneur, dit Omar en saluant le chérif avec un profond respect, je n'aurais jamais eu la témérité de lever les yeux sur une femme confiée à ma garde, mais puisque les choses sont changées et que tu le permets, j'oserai prétendre à la main de Léila. C'est une esclave du pacha ; depuis son enfance elle est habituée aux douceurs et au luxe du harem ; en venant ici elle a rêvé une fortune qui lui échappe ; qui sait si la vie sous la tente ne lui paraîtra pas bien rude? La richesse est un besoin pour une femme qui a toujours vécu dans un palais. Je prie donc Ta Seigneurie d'accorder l'étrangère à celui d'entre nous qui lui offrira le douaire le plus considérable ; ce sera une dernière marque de bienveillance pour celle qui doit tout à ta générosité.

— Cette demande est juste, dit le chérif ; qu'on

amène l'Égyptienne; viennent les prétendants; j'écoute leurs propositions.

— Mon oncle, murmura le fils de Youssouf, je suis perdu !

— Enfin, dit Omar, Léila est à moi ! »

Cafour regarda les deux frères et courut au harem.

CHAPITRE XXI

L'ENCHÈRE

Tandis qu'on allait chercher l'étrangère, Hafit s'approcha du fils de Mansour.

« Jeune homme, lui dit-il, écoute un vieillard qui t'a fait jouer sur ses genoux. Tu es, dit-on, plus riche encore que n'était ton père, les femmes vont au-devant de la fortune, et il n'est pas un marchand d'Égypte ou de Syrie qui ne tienne à honneur de s'allier avec toi. Rien donc ne gêne tes désirs. Abdallah, au contraire, ne peut plus aimer qu'une femme, il a donné son cœur à celle qu'il a sauvée. Sois généreux, paye aujourd'hui la dette de la reconnaissance en faisant le bonheur de ton frère et celui d'Halima.

— Mon frère, répondit Omar, n'est qu'un égoïste ; j'ai déjà trop souffert à cause de lui. Il sait que je veux cette Égyptienne, il sait que je l'aurai à tout prix. Pourquoi donc se déclarer mon rival? Quand, à cause de lui, j'aurai perdu inutilement cent mille piastres, quel avantage lui en reviendra-t-il? Qu'il renonce à Léila, j'oublierai peut-être qu'aujourd'hui même il a mis, pour la seconde fois, ma tête en danger.

— Il est heureux pour toi que tu sois un musulman, dit le boiteux ; sinon nous t'aurions appris avant la fin du jour que deux onces de plomb pèsent plus que tout ton or ; mais tu n'en es pas où tu crois; avec l'aide de Dieu, nous confondrons ton abominable dureté. »

Omar haussa les épaules et marcha au-devant de Léila.

Elle venait d'entrer, cachée à tous les yeux par les larges vêtements qui l'enveloppaient, et cependant il semblait au pauvre Abdallah que de ce voile épais sortait un regard de feu dont il ne pouvait soutenir la violence. Cafour suivait sa maîtresse. Avait-elle parlé à la sultane? qui le sait ? Mais elle avait au cou un collier de corail rose qui certes n'avait pas été taillé pour une esclave. De temps en temps elle courait vers un balcon en treillis qui donnait sur la salle ; là, elle échangeait des paroles mystérieuses avec des figures invisibles. C'était le harem tout entier qui s'intéressait à la belle Léila, et qui peut-être faisait des vœux pour le fils de Youssouf.

Abdallah prit la parole le premier.

« Pour toute fortune, dit-il, j'ai la source que j'ai découverte et le jardin que j'ai planté. Avec les armes de mon père et la cavale que j'ai dressée, voilà les seules choses que je possède. Tout est à toi, Léila, si tu veux accepter mon âme et ma vie.

— Cela ne vaut pas cent mille piastres, dit froidement Omar. Ici même, à Taïf, j'ai un jardin d'orangers où le chérif a quelquefois la bonté de prendre le café ; ce jardin vaut plus de deux cent mille piastres ; je l'offre à Léila, comme garantie de pareille somme en bijoux.

— Des bijoux, dit le boiteux, mon neveu en a d'aussi riches que les tiens. Voici une cassette qui vaut toutes tes promesses. »

A l'étonnement général, Hafiz, aidé de Cafour, ouvrit un coffret de nacre et d'écaille rempli de boucles d'oreilles, de bracelets et de parures. Abdallah ne put retenir un cri : ce bracelet de rubis n'était-ce pas celui que Léila portait au bras, le jour de l'attaque ? ce collier de corail, Cafour ne venait-elle pas de se l'arracher du cou? Il voulait parler, un geste de son oncle l'arrêta.

« Jolies parures qui ont déjà servi, dit le fils de Mansour en fronçant la lèvre. Je ne demande pas d'où viennent toutes ces dépouilles de femmes et je les estime ce qu'on voudra ; mais on ne lassera pas ma générosité, j'offre trois cent mille piastres.

— Promettre n'est pas donner, interrompit le boiteux, il faut autre chose que des paroles. »

Pour toute réponse, Omar prit un carnet dans sa ceinture, et en tira plusieurs papiers qu'il présenta au chérif :

« Seigneur, lui dit-il, voici les ordres que tu m'as adressés depuis quelques mois et que j'ai remplis. Il y en a pour plus d'un million de piastres ; Ta Seigneurie refusera-t-elle à son esclave de lui servir de caution jusqu'à demain vis-à-vis de ces Bédouins exigeants?

— Soit fait ainsi que tu désires, dit le chérif ; je serai ta caution pour cent mille piastres.

— S'il ne faut que cette somme, dit un Bédouin, nous ne laisserons pas un compagnon dans la peine, et nous donnerons une leçon à ce marchand qui s'oublie. Voici nos sabres, nous les rachèterons pour cent mille piastres. » Et décrochant son yatagan, le Bédouin le jeta aux pieds du chérif, en regardant Omar avec mépris ; Hafiz s'approcha pour en faire autant et montrer l'exemple au reste de la bande.

« Reprends ton sabre, dit au Bédouin le chef des croyants ; je serai ta caution et celle de tes amis. A Dieu ne plaise que je vous voie désarmés autour de moi ; vous êtes ma force et ma gloire. Omar, ajouta-t-il, avant de t'engager par de nouvelles promesses, peut-être feras-tu bien de réfléchir. Le repentir suit souvent la passion satisfaite ; on retrouve une maîtresse, on ne retrouve pas les amis qu'on a perdus.

— Chef des croyants, reprit fièrement le fils de Mansour, c'est sur ta parole que je me suis engagé dans cette affaire ; ordonne-moi de m'arrêter, sinon j'irai jusqu'au bout ; je ne crains d'autre déplaisir que le tien. Et pour en finir tout d'un coup avec ces ennuis, j'offre un million de piastres ; ce n'est pas un douaire trop élevé pour la femme que Ta Seigneurie a honorée de sa protection.

— Es-tu assez riche pour faire de pareilles

folies? dit le descendant du Prophète ; je m'en souviendrai à l'occasion.

— Ordonne, Seigneur, répondit le marchand, ma fortune et ma vie sont à toi. »

Il se fit un grand silence dans l'assemblée. Léila, qui jusque-là était restée debout, tomba sur un divan ; Abdallah baissa la tête ; Hafiz et les Bédouins menaçaient Omar, qui les affrontait d'un air dédaigneux. Cafour se mit à gesticuler de façon étrange vers le balcon et disparut. De toutes parts on observait le chérif qui hésitait visiblement.

« J'ai donné ma parole, dit-il enfin d'une voix lente en s'adressant aux Bédouins ; vous êtes témoins que tout s'est passé dans les règles. Ce marchand, votre compagnon de caravane, offre un million ; c'est donc à lui que doit appartenir l'esclave, si aucun de vous n'offre davantage.

— Qui trouverait cette somme au désert? s'écria le boiteux ; il n'y a que des âmes vendues à Satan qui aient ces trésors d'enfer ; nous autres, nous n'avons que nos sabres et nos fusils; vienne le jour où on en sentira le prix !

— Tu oublies les bijoux d'Abdallah, dit Omar en souriant.

— Ah! mon frère, s'écria le fils de Youssouf, que t'ai-je fait pour me traiter de la sorte? Est-ce toi qui devais m'enfoncer le poignard dans le sein?

— Qu'est cela? demanda le chérif à deux esclaves noirs qui déposaient aux pieds d'Abdallah une lourde cassette d'argent ciselé.

— Seigneur, répondit l'un des porteurs, c'est le trésor du fils de Youssouf. »

Sur quoi, ouvrant la cassette, il en tira à pleines mains les plus belles pierreries du monde. A première vue, il y en avait pour plus d'un million.

« Il est singulier, pensa le chérif, combien cette rivière de diamants et ces bracelets de topaze ressemblent aux parures que j'ai données à la sultane. Qui t'envoie? demanda-t-il à l'esclave.

— Seigneur, répondit le noir en s'inclinant, l'amour est comme la folie, on lui pardonne tout; et il sortit. »

Abdallah ne savait s'il était le jouet d'un rêve; Omar pâlissait de fureur.

« Il y a ici un piége, murmura-t-il d'une voix étranglée; il n'importe, j'aurai le dernier mot. J'offre deux millions de piastres s'il le faut. »

Quatre nouveaux esclaves pesamment chargés de plateaux, de lampes d'argent, de coupes ciselées, s'arrêtèrent comme les premiers pour déposer toutes ces richesses devant Abdallah. Du premier coup d'œil le chérif reconnut un magnifique surtout qui faisait l'ornement de son harem. Il l'avait reçu en cadeau du sultan, et ce n'était pas sans regret qu'il l'avait offert à la belle Fatime au lendemain d'une querelle.

« Qui donc, s'écria-t-il, a pu donner l'ordre d'apporter ici ces trésors ?

— Seigneur, répondirent les porteurs en s'inclinant, l'amour est comme la folie, on lui pardonne tout.

— Qu'on bâtonne ces drôles, dit le chef des croyants, je leur apprendrai si on me répond par des proverbes. Qui les a envoyés ?

— Seigneur, c'est Cafour, répondit un des esclaves d'une voix tremblante.

— Amenez-moi cette fille du diable, dit le chérif; si on la laisse faire, elle emportera mon palais tout entier. »

Les quatre esclaves n'étaient pas sortis que six

autres serviteurs entrèrent dans la salle, tenant un brancard sur lequel on avait entassé les robes les plus rares, les étoffes les plus précieuses. En tête du cortége était Cafour, qui commandait avec le sérieux d'un iman. Le chef des croyants l'appela, et la prenant par l'oreille :

« Viens ici, maudite, lui dit-il ; me donneras-tu enfin le mot de toutes ces sottises ?

— L'amour est comme la folie, répondit gravement Cafour, on lui pardonne tout.

— Oses-tu mêler la sultane à ce désordre ? dit le chef des croyants.

— La sultane est là, reprit tranquillement Cafour en montrant du doigt le balcon ; elle a tout vu, tout entendu, elle sait tout, et, ajouta-t-elle en baissant la voix, elle est furieuse.

— Furieuse ! et de quoi ? s'écria le chérif ébahi.

— Elle sait, continua Cafour, que tu regrettes de lui avoir sacrifié Léila ; elle devine le jeu de ce marchand qui surenchérit en ton nom ; elle sent bien que la passion seule peut t'aveugler au point d'humilier ces braves Bédouins qui sont l'honneur de ton empire. — Puisqu'il ne m'aime plus, m'a-t-elle dit, je ne veux rien de ses bienfaits ; ôte de ma vue les bijoux qu'il m'a donnés, les habits dont j'aimais à me parer pour lui plaire. Porte tout à Abdallah, qu'il lutte pour moi jusqu'au dernier moment. Si le maître de mon âme me revient, qu'ai-je besoin de richesses? s'il m'abandonne, je ne veux garder de lui que le souvenir de son amour. »

Le chérif regarda le balcon d'assez mauvaise grâce, au travers du treillage il crut voir une petite main qui mettait en lambeaux un mouchoir de dentelles. Un bruit de larmes et de sanglots étouffés lui fit baisser la tête. A l'instant même il sentit que l'amitié des Beni-Ameurs lui était plus utile que la reconnaissance d'Omar, et son parti fut arrêté.

« On ne me rendra pas complice d'indignes faiblesses, dit-il d'une voix solennelle, je ne retire jamais la parole que j'ai donnée. J'ai voulu qu'on assurât un douaire honorable à la femme que je protége ; cent mille piastres suffisent. Quant à prononcer entre les deux rivaux, ceci regarde Leila. Qu'elle se décide pour le marchand ou pour le Bédouin, pour la ville ou pour le désert, il n'importe ; je respecterai son choix, et je le ferai respecter de tous.

— David et Salomon n'eussent pas mieux jugé, s'écria le boiteux. »

Les deux frères étaient auprès de Léila ; Abdallah la regardait avec une tendresse profonde, muet de crainte et d'espoir, Omar lui parlait, tout ému de colère et de jalousie.

« Songe à l'avenir, disait-il, ne sacrifie pas à cet homme la fleur de ta jeunesse et de ta beauté ! Sais-tu ce qu'est la vie des femmes sous la tente ? une vie de mendiante et d'esclave. Tes mains sont-elles faites à écraser le grain, à traire les brebis, à tisser la laine, à ramasser l'herbe et le bois ? Est-ce ce Bédouin qui te donnera les bains, les bijoux, les parfums auxquels tu es habituée ? Est-ce lui qui te peindra les sourcils et les paupières ? Est-ce lui qui lavera tes cheveux à la fleur d'orange, et qui les séchera avec de l'ambre et du musc ? Avec moi tu auras des femmes pour te servir, des robes pour te parer, des diamants pour t'embellir. Tu ne seras pas servante, tu seras maîtresse, chacun de tes caprices sera mon plaisir et ma loi. »

Léila, s'inclinant, prit la main tremblante d'Abdallah et la mit sur sa tête : « Je suis, dit-elle l'esclave de mon seigneur. Étrangère, je n'ai pas d'autre refuge que lui; orpheline, je n'ai pas d'autre famille. Il est mon père, il est ma mère, il est mon frère. O mon bien-aimé, ajouta-t-elle à demi-voix en levant les yeux, enfin je suis à toi, je puis te dire que tu es ma joie et ma vie. » Et pleurant et souriant à la fois, elle baisa la main de son époux.

Le chef des croyants regardait d'un air réjoui ce spectacle qui le rajeunissait. La leçon est un peu forte pour Fatime, pensait-il, mais je ne suis pas fâché d'avoir confondu la sultane; je la crois guérie pour quelque temps de son incurable jalousie.

Omar était muet; ses traits contractés, ses yeux menaçants, tout révélait en lui le combat de la douleur et de l'orgueil.

« Fils de Mansour, dit le boiteux, tu devrais épouser Cafour. Ton âme est aussi noire que sa peau; à vous deux vous auriez des enfants dignes de Satan leur grand-père.

— Mon oncle, s'écria le fils de Youssouf, tu es cruel. Si Omar eût été à ma place, il nous eût épargnés. Frère, ajouta-t-il en tendant la main à l'Égyptien, pardonne-moi mon bonheur.

— Tu es plus habile que moi, répondit Omar,

je te félicite de ton succès; et il sortit en désespéré.

— La belle chose que la jeunesse! dit Hafiz. On est honnête, on est confiant, on croit à la vertu. Moi je suis vieux, et j'ai fait la guerre. Quand je trouve un méchant sous mon pied, c'est un scorpion que j'écrase, pour qu'il ne morde plus.

CHAPITRE XXII

L'ARRIVÉE

Il est plus facile de retenir la richesse dans la main du prodigue ou de porter de l'eau dans un crible que de loger la patience au cœur d'un amant. Le jour n'était pas levé, l'oiseau n'avait pas quitté son nid, que déjà le fils de Youssouf avait éveillé ses compagnons et disposé en longue file les chameaux chargés des présents du chérif et de la sultane. Il attendait avec impatience sa bien-aimée, que Fatime avait gardée près d'elle toute la nuit pour lui faire conter l'histoire de ses amours. Une femme aime toujours la rivale qu'elle ne craint plus. Lorsque Cafour ouvrit la porte du harem et se montra plus laide et plus rieuse que jamais, Abdallah poussa un cri de surprise et de joie. Cette femme placée derrière l'enfant et qui lui tendait la main, était-ce bien Léila?

C'était elle, un amant ne pouvait s'y tromper ; mais ce n'était plus l'Égyptienne toute chargée de bijoux ; c'était une Bédouine qui avait toujours vécu sous la tente. Léila était vêtue d'une longue robe de coton bleu qui la serrait au cou et lui tombait jusqu'aux pieds. Par-dessus cette robe était jeté un burnous de laine rouge qui lui couvrait la tête. Ses cheveux noirs, disposés en une multitude de petites tresses, chacune terminée par un grain de corail, lui tombaient jusqu'aux yeux, et donnaient à son regard plus de douceur et d'éclat. Sous ce simple habit, le visage découvert et les pieds nus, Léila était la reine du désert. Les Bédouins joyeux la saluaient au passage, fraîche et souriante comme l'aube du jour.

On partit ; un orage récent avait fait renaître la verdure ; les herbes humides de rosée, les fleurs fraîches épanouies souriaient à ces âmes heureuses. Léila ne se cachait plus au fond du palanquin ; Abdallah marchait à cheval auprès d'elle et lui parlait tout le long de la route, la main appuyée sur le bord de la litière. Cafour n'avait jamais été plus babillarde ni plus effrontée.

« Que Dieu te punisse, Abdallah, disait Léila ; avec ton bras pesant, tu entraînes tout l'équipage, tu nous forceras d'aller à pied.

— Va, répondait le fils de Youssouf, laisse à ton chameau la bride flottante ; ne me refuse pas le bonheur de tenir ta main.

— Ingrat, criait Cafour, tu ne penses plus à moi. C'est donc toi, noir Bédouin, qui enlèves la femme du calife Mohaviah ? » Et d'une voix joyeuse comme celle de l'alouette, elle se mit à chanter la chanson de la Bédouine [1].

>Otez-moi ces vestes dorées
>Et ces écharpes azurées ;
>Prenez votre or et vos bijoux,
>Rendez-moi mon pauvre burnous.
>
>Dans ce harem où je m'ennuie,
>Je ne veux point traîner ma vie ;
>Il me faut de l'air et du jour,
>Le désert seul a mon amour.
>
>Rendez-moi le puits où l'on cause,
>Près du chameau qui se repose,
>Et de l'alezan qui bondit.

[1] La chanson de Maysunah, la belle Bédouine, est célèbre chez les Arabes. On la trouve dans Burton, *Personal narrative of a pilgrimage to el Medinah and Meccah*. London, 1856, t. III, p. 262.

L'ARRIVÉE.

Vienne le cousin que je rêve !
Un hardi Bédouin qui m'enlève
A mon vieil âne de mari !

C'est ainsi qu'on marcha tout le jour, sans songer ni à la fatigue ni à la chaleur. Quand la joie vient après la souffrance, pense-t-on à rien qu'à la joie? Hafiz d'ailleurs était là pour commander la caravane : Abdallah n'avait pas besoin de quitter le trésor que les Bédouins ramenaient en vainqueurs.

Le soir approchait quand on aperçut les tentes des Beni-Ameurs. Le soleil descendait sous la voûte d'un arc-en-ciel immense qui couvrait la moitié de la face du ciel ; une lueur rosée éclairait le sable du désert, des rayons d'or jetaient leurs étincelles au sommet des pyramides de granit. Dans le lointain, on entendait le bruit rauque de la sakieh, les aboiements des chiens et le ramage des tourterelles ; tout à coup un cri perçant salua le retour des voyageurs.

« Quel est ce cri ? demanda Léila.

— C'est la voix de ma mère, répondit Abdallah en descendant de cheval. Nous serons deux à t'aimer. »

Halima parut bientôt, fort étonnée de voir une si longue caravane.

« Qu'est-ce que cela ? dit-elle en montrant les ballots ; le fils de Youssouf a-t-il vendu son cheval et ses armes pour se faire marchand ?

— Oui, ma mère, reprit Abdallah ; et je vous apporte le plus rare et le plus précieux de tous les biens, une fille qui vous respectera et qui vous aidera. »

Léila, descendue de la litière, se jeta dans les bras de la Bédouine, qui la regardait avec surprise et lui demandait le nom de son père et de sa tribu. La vue de Cafour ne l'étonna pas moins, et, malgré tous les discours de Hafiz, Halima entra sous la tente en soupirant. Elle avait peu de goût pour une étrangère. Mais quand, après avoir déchargé les chameaux, Abdallah vint s'asseoir près d'elle et que Lélia accourut avec un vase d'eau chaude pour laver elle-même les pieds de son mari :

« Dieu soit loué, s'écria la vieille, voilà une femme qui sera vraiment la servante de son époux. La maison a enfin trouvé une maîtresse ; je puis mourir en paix. »

Et elle embrassa avec tendresse la fille que Dieu lui donnait dans sa bonté.

« Qu'est-ce que tu fais donc, maître? dit Cafour qui s'était couchée aux pieds d'Abdallah, la tête appuyée sur les genoux de son sauveur ; est-ce que la fumée de ta pipe te monte aux yeux? tu as l'air de pleurer. Bon, ta pipe est éteinte, veux-tu un charbon pour l'allumer ?

— Tais-toi, tais-toi, » murmura le Bédouin en passant la main sur la tête de la négresse, comme s'il caressait un cheval fidèle ; l'enfant se recoucha, mais en tirant à elle le bras de sa maîtresse et si brusquement que le front de Leila toucha les lèvres d'Abdallah. Cafour rit de sa malice. Pauvre créature à qui tout était refusé, et qui avait trouvé le moyen d'être heureuse en plaçant son bonheur dans le bonheur d'autrui !

CHAPITRE XXIII

KARA-CHITAN

Omar était rentré à Djeddah la mort dans le cœur. C'est en vain que ses esclaves essayaient de le distraire, en vain que de toutes parts on lui apportait des affaires et de l'or, la passion le rongeait ; il passait des journées entières enfermé dans sa chambre, les jambes croisées sur un tapis, roulant dans sa tête des projets insensés, cherchant toujours une vengeance qui lui échappait.

« Que m'importe le vœu de mon père ! disait-il. A quoi me sert la santé et cet argent que j'entasse, en suis-je moins le plus malheureux des hommes ? Ce misérable Bédouin triomphe dans sa pauvreté ; moi, au milieu de mon abondance, je suis triste et seul. Maudite soit la vie, maudit soit mon frère ! l'oracle ne m'a pas trompé, c'est mon meilleur ami qui me tue. » Et il retombait dans son accablement.

Le chagrin d'Omar occupait toute la ville. Si on aimait peu le fils de Mansour, en revanche on estimait beaucoup sa fortune ; on se demandait s'il n'y aurait pas quelque service à lui offrir, quelque consolation à lui vendre. Après un pareil outrage, disait-on, il payerait cher celui qui le vengerait du Bédouin. Des paroles semblables ne se perdent guère. C'est la malédiction du riche qu'il y a toujours autour de lui des gens prêts à entrer pour son compte dans le feu d'enfer. La passion du pauvre est une flamme qui lui ronge le cœur, mais quand elle l'a consumée elle s'éteint ; la passion du riche est un brasier que chacun attise ; il en sort l'incendie, le crime et la mort !

Un matin, le fils de Mansour reçut la visite d'un capitaine arnaute ; il venait, disait-il, pour une affaire qui ne souffrait pas de retard. Omar le reçut avec politesse, et fit apporter les pipes et le café.

« Excellent café, dit le capitaine en buvant à petits coups ; amer comme la mort, noir comme Satan, chaud comme l'enfer. Et quel mélange exquis de girofle, de cannelle et de muscade ! On est heureux d'être riche, le monde ne marche que pour vous.

— On se trompe quelquefois sur le bonheur des riches, dit Omar en soupirant.

— Bah ! un riche qui a du chagrin, c'est un avare qui ne sait point user de son or. S'il aime une femme, qu'il l'achète ; s'il veut se délivrer d'un rival, qu'il en vende la peau. Tout se paye ici-bas ; avec de l'argent, on a tout.

— A qui ai-je l'honneur de parler ? demanda le fils de Mansour.

— Je me nomme Kara-Chitan, répondit l'étranger ; je suis capitaine d'Arnautes, un de ceux qui vous ont attaqués dans le désert. En tuant mon ami Mohammed, ton frère Abdallah m'a fait perdre cinq mille douros ; paye-moi cette dette, je te débarrasse d'Abdallah.

— Un meurtre ! dit Omar.

— Bah ! répondit froidement le capitaine, si Dieu n'avait pas inventé la mort, nous ne tarderions pas à nous manger les uns les autres. Pas de faux scrupules ! Quand on tient l'occasion, la sagesse commande de ne pas la lâcher ; c'est justice de forcer nos ennemis à boire le calice dont ils nous ont fait goûter l'amertume; on a raison de les frapper avec l'arme dont ils nous ont blessés les premiers.

— Mon frère! dit Omar comme un homme qui hésite.

— Ton frère est ton ennemi. Que t'importe sa mort! Tu n'y tremperas point. C'est moi qui tuerai Abdallah comme un chien si je l'attrape dans le désert; c'est moi qui vengerai ma querelle personnelle; seulement pour me venger, il me faut cinq mille douros.

— A quoi me servira ta vengeance? reprit le fils de Mansour.

— Je n'en sais rien, répondit Kara-Chitan; je n'entends pas les affaires aussi bien que toi; mais si j'étais à ta place et qu'Abdallah disparût, je ne serais pas embarrassé de la belle Léila. Le Bédouin n'a, dit-on, de famille que sa mère et un vieux fou; ce sont là des obstacles qu'avec un peu d'argent et de résolution, on fait disparaître. Un enlèvement n'est pas chose difficile; une fois Léila veuve et dans ta maison, serait-il si long de la consoler? Qu'y a-t-il à craindre? Le chérif? A Djeddah on se rit de la colère des Bédouins. Le pacha? C'est un homme comme les autres;

il a une conscience, on en trouvera le prix.

— Et la tribu, y as-tu pensé?

— La tribu, dit le capitaine, ce n'est rien. Je sais que ces Bédouins ont autant de rancune et de malice que leurs chameaux, mais le sang se paye comme autre chose ; au désert on ne dédaigne pas l'argent plus qu'ailleurs ; les Beni-Ameurs se consoleront en héritant d'Abdallah.

— Oui, reprit Omar, le sang se rachète quand le meurtre est involontaire. Cent chameaux, c'est le prix d'un homme ; mais pour un assassinat on ne transige point ; la peine, c'est le talion, on me tuera.

— Le désert est muet, dit le capitaine, et les morts ne parlent guère. Quand on trouve au milieu des sables un cadavre desséché, bien fin qui distingue un meurtre d'un accident. N'en parlons plus, ajouta-t-il en se levant ; que m'importe à moi la charmante Léila que je n'ai jamais vue? Qu'elle aime son Bédouin, qu'ils soient heureux ensemble et qu'ils se moquent du fils de Mansour, cela m'est égal. Après tout, Abdallah est un brave, je l'estime ; si tu lui avais infligé l'outrage que tu en as reçu, ce n'est pas lui qui marchanderait le prix de la vengeance. Adieu.

— Reste, s'écria le fils de Mansour ; tu as raison. Tant qu'Abdallah vivra, il n'y aura point de paix pour moi sur la terre. On me l'a prédit dès ma naissance, et je le sens tous les jours. Délivre-moi de cet ennemi. Quant au boiteux, j'ai un compte à régler avec lui, je m'en charge. Léila, que tu me coûtes cher !

— Si tu m'en crois, reprit le capitaine, il faut que chacun de nous frappe le coup en même temps ; j'emmène Abdallah qui ne reviendra pas, tu enlèves la belle, tout sera fini en deux heures, et l'ennemi abattu avant même qu'il soupçonne le danger.

— Soit, dit Omar ; mais songe que je ne veux plus te revoir.

— C'est tout naturel, répondit Kara-Chitan ; dis-moi le jour et l'heure, donne-moi cinq mille douros et compte sur mon exactitude. Ma réputation est faite. Pour les plus beaux chevaux de l'Arabie, je ne voudrais pas manquer à mon serment. »

CHAPITRE XXIV

L'HOSPITALITÉ

Tandis que l'avarice et la haine complotaient la mort d'Abdallah, le fils de Youssouf jouissait de son bonheur sans même songer qu'il pût se former de nuage à l'horizon. Pouvait-il se croire un ennemi, lui dont l'âme était pure et le cœur sans fiel? Quand on aime et qu'on est aimé, ne voit-on pas des frères dans tous les hommes? Depuis un mois il s'enivrait de tendresse et de joie, sans autre souci que d'admirer Léila et de remercier Dieu qui avait béni sa maison.

Par une de ces matinées chaudes et voilées qui précèdent l'orage, Abdallah se reposait dans son jardin, à l'ombre des citronniers. Cafour, toujours nonchalante, était couchée aux pieds de son maître, les yeux fixés sur lui, comme un chien qui guette un ordre ou un regard. Au fond de la tente, Halima faisait cuire des pains sous la cendre ; Léila, à genoux devant un métier, brodait des losanges d'or et de soie sur un burnous de son mari ; entouré de tout ce qu'il aimait, le fils de Youssouf se laissait aller au bonheur de vivre. L'aboiement des chiens le tira de sa rêverie. A l'entrée du jardin un homme avait arrêté son chameau et tendait la main au jeune Bédouin. Léila disparut, Abdallah marcha au-devant de l'étranger.

« Sois le bienvenu, lui dit-il ; ton arrivée nous apporte la bénédiction de Dieu. La tente et tout ce qu'elle contient est à toi ; tu en es le maître.

— Fils de Youssouf, répondit l'inconnu, je ne mettrai point pied à terre que tu ne m'aies juré de me rendre le service dont j'ai besoin.

— Parle, dit le jeune homme ; tu es un hôte, ta parole est un ordre.

— Je suis un pauvre marchand de Syrie, reprit l'étranger ; j'étais venu à la Mecque pour quelques affaires ; hier, je me suis pris de querelle, dans la ville sainte, avec un Beni-Motayr ; j'ai eu le malheur de tuer mon adversaire ; sa famille et ses amis me poursuivent ; je n'ai personne pour me défendre; si je ne puis atteindre la noble Médine, je suis perdu. Toi seul, m'a-t-on dit, tu peux me conduire sûrement dans cet asile; ma vie est dans tes mains, décide de mon sort.

— Entre chez moi, répondit le fils de Youssouf; dans une heure nous partirons.

— Songe, dit le marchand, que c'est à toi seul que je me fie.

— C'est moi seul qui t'accompagnerai, reprit Abdallah; sur ma tête je réponds de ton salut. »

Dès que l'étranger fut entré dans la tente et remis au soin d'Halima, le jeune Bédouin sortit pour préparer le départ. Cafour l'arrêta au passage.

« Tu connais cet homme? lui dit-elle.

— Non, qu'importe? C'est Dieu qui l'envoie.

— Ce n'est pas un marchand ; j'ai vu ses pistolets, ils sont trop beaux ; c'est un soldat; méfie-toi.

— Soldat ou marchand, reprit Abdallah, qu'ai-je à craindre d'un inconnu et d'un fugitif? Hâte-toi de nous servir, je n'ai que le temps de prévenir Léila. »

Quand le fils de Youssouf revint près de son

hôte, Cafour avait placé devant le prétendu marchand une table basse avec une corbeille en feuilles de palmiers. Puis elle posa sur la table du pain sans levain, un gâteau de dattes, du riz bouilli, du miel, du lait aigri et de l'eau fraîche. Très-empressée auprès de l'étranger, elle le regardait sans cesse, cherchant dans sa mémoire où elle avait déjà vu cette figure suspecte. L'inconnu avait le calme et l'indifférence d'un homme qui ne s'aperçoit pas qu'on s'occupe de lui.

Dans son inquiétude, Cafour voulut en finir avec ce personnage et rompre le charme qui lui cachait le danger. En fille intelligente, elle saisit un vase de terre, et se plaçant derrière le marchand, elle jeta sur le sol la poterie qui se brisa en éclats. L'étranger se retourna brusquement la colère dans les yeux.

« L'Arnaute ! cria-t-elle en regardant son maître.

— Sors d'ici, maudite, dit Abdallah, ne m'importune pas de tes sottises. »

Cafour se glissa dans un coin de la tente et revint bientôt apportant du thé bouillant. L'étranger était d'une tranquillité parfaite ; le nom d'Arnaute ne l'avait pas ému.

« Mon hôte, dit Abdallah, sois le bienvenu à cette pauvre table. La journée sera longue; il est bon de prendre des forces contre la fatigue à venir. Rassassie-toi.

— Excuse-moi, répondit le marchand, le trouble et la crainte me donnent la fièvre; je n'ai qu'un désir, c'est de me mettre en route.

— Le sel rend l'appétit, dit Cafour, et, prenant une poignée de sel, elle l'enfonça dans la bouche de l'étranger et s'enfuit au jardin.

— Impudente! cria le fils de Youssouf, je châtierai ton insolence! et, furieux, il courut après Cafour pour la corriger.

— Frappe, disait Cafour en pleurant, frappe le chien qui t'avertit; caresse le chacal qui te dévorera. Tu n'as pas entendu les aboiements de ce matin; tes chiens ont vu Asraël; insensé, tes péchés t'aveuglent: la mort est sur cette maison. Ce marchand, ne le connais-tu pas?

— On ne soupçonne pas un hôte, » interrompit Abdallah. Et rentrant au logis, il y trouva l'étranger assis à la même place, le sourire sur les lèvres.

« Je crois, dit-il, que l'esclave m'a donné une leçon de savoir-vivre; la barbe de l'invité est dans la main du maître de la tente, j'essayerai de faire honneur à ton hospitalité. »

Il se mit à dîner de fort bon appétit pour un malade, causant avec liberté et cherchant tous les moyens d'être agréable au fils de Youssouf.

Au moment du départ, quand l'étranger était déjà sur sa monture, Léila sortit, la figure à demi-voilée par son burnous. Elle tenait une cruche à la main, et jeta un peu d'eau sur la croupe et sur les pieds du chameau.

« Que Dieu te donne un bon voyage, dit-elle au marchand, et qu'il te ramène auprès de ceux qui t'attendent et qui t'aiment.

— Ceux qui m'aiment sont dans la terre, répondit l'étranger, et depuis vingt ans que j'ai perdu ma mère, personne ne m'attend plus.

— Alors que Dieu te donne une femme qui t'aime et qui vieillisse près de toi.

— Partons, dit l'inconnu d'une voix brusque, les moments sont comptés.

— Mon seigneur, dit Léila à son époux, tu emportes avec toi le bonheur ; puisses-tu le ramener bientôt avec toi ! »

Cafour était auprès d'Abdallah : Maître, lui dit-elle, ne prends-tu pas ton fusil ?

« Non, ce serait une injure pour celui que j'accompagne; ne crains rien, ce que Dieu garde est bien gardé. Quand mon oncle reviendra des champs, dis-lui qu'il veille sur la tente. Après Dieu, c'est à lui que je vous confie. »

Et prenant sa lance à la main, Abdallah se mit en route, marchant à pied près du chameau de l'étranger.

Aussi longtemps qu'on aperçut les deux voyageurs, Halima et Léila les suivirent des yeux, puis elles rentrèrent sous la tente. Cafour seule resta dehors, le regard fixe, le cœur tremblant. Il lui semblait toujours que l'horizon allait s'entr'ouvrir, et que le désert lui rendrait le maître qu'elle attendait. Vain espoir d'une âme inquiète, la nuit tomba sur la terre sans ramener Abdallah !

CHAPITRE XXV

FEUILLE D'OR

Dès qu'on se fut enfoncé dans les sables, l'étranger regarda autour de lui pour s'assurer qu'il était seul, puis il porta la main à sa ceinture en jouant avec la crosse d'un pistolet.

« J'espère, mon cher hôte, lui dit Abdallah, que tu me pardonnes la folie de cet enfant qui a troublé ton repas.

— Si l'esclave eût été à moi, répondit le voyageur, je l'aurais rudement corrigée.

— Il faut être indulgent pour ceux qui nous aiment, dit Abdallah. Cafour a cru qu'un grand danger me menaçait; c'est pour me sauver de ce péril imaginaire qu'involontairement elle t'a blessé. En te forçant à manger mon sel, elle nous a fait amis à la vie, à la mort. Chez vous autres, gens de Syrie, n'en est-il pas ainsi?

— Dans ma tribu, reprit le marchand, l'engagement dure toute une journée. Mais si le second jour se passe sans qu'on mette la main au même plat, le sel perd sa vertu, nous sommes libres de nous haïr.

— Eh bien! mon hôte, dit Abdallah, en souriant, tu me tueras demain quand je t'aurai sauvé la vie. Jusque-là je suis sous ta garde ; à toi de me protéger contre tous.

— Aussi le ferai-je, répondit le voyageur, et il garda le silence. « Voilà, pensait-il, des paroles étranges. Ce Bédouin a raison ; je ne peux pas le tuer quand j'ai encore dans l'estomac le sel de l'hospitalité ; ce serait un crime. Attendons ce soir. Quand le soleil se couchera, ce sera le commencement d'une autre journée ; j'aurai le droit de faire ce que je voudrai. »

Tout le long de la route il regardait Abdallah, qui avançait la tête haute et le front serein. Les pistolets du Bédouin n'étaient pas armés, et s'il tenait sa lance à la main, c'était seulement pour s'en aider en marchant.

« La confiance de cet homme me gêne, se disait l'étranger ; je veux bien abattre un ennemi, je ne peux pas égorger un mouton. Cinq mille douros pour une pareille besogne, ce n'est pas payé; à moitié prix j'aimerais mieux tuer ce chien d'Omar. »

Quand le soleil fut près de se coucher, le marchand força le pas de sa monture pour préparer ses armes sans être vu d'Abdallah; puis il cacha ses bras sous son burnous et s'arrêta.

« Allons, pensa-t-il, le moment est venu. »

Comme il se retournait, le fils de Youssouf s'approcha de lui, arrêta le chameau par la bride, et fichant sa lance en terre, il étendit sur le sable deux tapis.

« Frère, dit-il à l'inconnu, voici l'heure de la prière. La kibla est devant nous, et si nous n'avons pas d'eau pour l'ablution, tu sais que Dieu nous permet de la remplacer par la poudre du désert.

— Ne perdons pas de temps, s'écria l'étranger; je n'ai que faire de m'arrêter ici.

— N'es-tu donc pas musulman? dit Abdallah en le regardant d'un air menaçant.

— Il n'y a de Dieu que Dieu, et Mahomet est l'apôtre de Dieu, se hâta de répondre le marchand. Mais la religion d'un pauvre pèlerin comme moi est plus simple que celle d'un noble

Bédouin. Je ne prie pas, parce que Dieu fait bien tout ce qu'il fait; je ne me lave point la face, parce que l'eau du désert me sert à boire; je ne donne pas l'aumône, parce que je la demande; je ne jeûne point au mois de Rhamadan, parce que je meurs de faim toute l'année, et je ne fais pas de pèlerinage, parce que le monde tout entier est la maison de Dieu. Voilà ma foi; tant pis pour les délicats à qui elle déplaît.

— Tu m'étonnes, mon cher hôte, reprit le fils de Youssouf. J'avais une autre opinion de toi. Ne portes-tu pas comme moi autour du bras un amulette qui chasse les tentations du mauvais esprit? Ne sais-tu pas qu'il contient les deux chapitres sauveurs?

— Oui, je porte un talisman, dit le voyageur. Il y a vingt ans que ma mère, à son lit de mort, me l'a donné. C'est la seule chose que je respecte. Plus d'une fois il a écarté la mort qui sifflait autour de moi.

— As-tu oublié les paroles qui font la vertu de ce trésor?

— Je ne m'en suis jamais inquiété, reprit l'inconnu; ma mère les a choisies pour moi, elle savait ce que je ne sais pas.

— Écoute-les donc, dit Abdallah d'un ton solennel. Quand on vit au milieu de ces flots de sable qu'un souffle peut soulever, il est bon de se rapprocher par la prière de Celui qui seul commande au danger. Dieu prête l'oreille à celui qui le loue. O Seigneur, à toi soit la louange ! »

Et, s'inclinant vers la Mecque, le fils de Youssouf prononça d'une voix émue ce qui suit :

L'AUBE DU JOUR[1]

Au nom de Dieu clément et miséricordieux,
Dis : Je cherche un refuge auprès du Seigneur de L'AUBE DU JOUR
Contre la méchanceté des êtres qu'il a créés,
Contre le mal de la nuit sombre quand elle nous surprend,
Contre le mal de l'envieux qui nous porte envie.

« La paix soit sur toi, s'écria le marchand. Sont-ce là les paroles que ma mère m'a laissées? » Et, tout en écoutant Abdallah, il remit les pistolets dans sa ceinture.

Le fils de Youssouf continuait de réciter le Coran.

---

[1] Coran, chap. CXIII. Traduction de M. Kazimirski.

LES HOMMES[1]

Au nom de Dieu clément et miséricordieux, dis :
Je cherche un refuge auprès du Seigneur des hommes,
Roi des hommes,
Dieu des hommes,
Contre la méchanceté de celui qui suggère les mauvaises pensées et qui se dérobe,
Qui souffle le mal dans le cœur des hommes,
Contre les génies et contre les hommes.

« Qui dit cela ? reprit l'étranger ; qui donc lit ainsi dans les cœurs ?

— C'est Dieu lui-même, répondit Abdallah ; nous sommes à lui. S'il veut notre perte, nos pieds nous conduisent où la mort nous attend. S'il veut notre salut, la mort tombe devant nous comme un lion blessé. Il a sauvé Abraham du milieu des flammes, il a tiré Jonas du fond de la mer et des entrailles mêmes du poisson.

— Tu n'as donc jamais peur de la mort ? dit le marchand.

— Non, répondit Abdallah. Où Dieu commande, toute précaution est vaine. Dans la vie de l'homme, il y a deux jours où il est insensé

---

[1] Coran, chap. CXIV.

de se prémunir contre le trépas : c'est le jour où Dieu ordonne à la mort de nous abattre, c'est le jour où Dieu lui défend de nous approcher[1].

— On peut toujours craindre cette heure inconnue qui doit nous emporter? reprit le voyageur.

— Non, dit le fils de Youssouf, si l'on a suivi la parole de Dieu. Ta mère t'a dit sans doute plus d'une fois ce que m'a répété la mienne ; c'est le proverbe de nos sages : « Souviens-toi qu'au jour de ta naissance, tous étaient joyeux, et que toi seul tu pleurais. Vis de telle sorte qu'à ton dernier moment tous les autres pleurent et que tu sois le seul qui n'ait point de larmes à répandre. Tu ne craindras pas la mort, quelle que soit l'heure de sa venue. »

— Vous autres gens du désert, vous êtes un peuple étrange, murmura l'inconnu ; vos paroles sont d'or, mais vos actions sont de plomb. Et machinalement il passa la main sur son pistolet.

— Nous sommes le peuple du prophète, répondit le Bédouin, nous suivons ses enseignements. Avant que tu n'eusses mis le pied sous

[1] Coran, VII, 32. X. 50. XVI. 63.

ma tente, ajouta-t-il en élevant la voix, je t'ai reconnu, Kara-Chitan. Tu es mon ennemi, tu es venu chez moi sous un faux nom, j'ignore le but de ton voyage, rien ne m'eût été plus facile que de me défaire de toi; mais tu m'as demandé l'hospitalité, Dieu t'a mis sous ma garde, voilà pourquoi je t'ai accompagné, seul et sans armes. Si tu as de mauvaises pensées, que Dieu me protége ; si tu es un ami, donne-moi la main.

— Que l'enfer soit mon héritage, s'écria Kara-Chitan, si je touche à celui qui m'a épargné. Voici ma main, c'est celle d'un soldat qui rend le mal pour le mal et le bien pour le bien. »

Le capitaine n'eut pas plutôt prononcé ces paroles qu'il en eut regret. — Me voilà joué comme un enfant, pensa-t-il. Rendrai-je les cinq mille douros? Non. Omar est assez riche pour payer la dette de son frère. D'ailleurs, ne l'ai-je pas débarrassé d'Abdallah ? Si le marchand n'a pas manqué de cœur, Léila est en route pour Djeddah. Enfin, s'il veut se plaindre, qu'il vienne les chercher, ses douros ; j'ai promis de tuer quelqu'un, je lui donne la préférence. » A cette heureuse pensée, Kara-Chitan rit dans sa barbe et s'admira.

Un instant après, le remords le prit. « C'est singulier, se disait-il, je cède à une faiblesse qui n'est pas naturelle. Qui maintenant me demandera un service? Ne suis-je plus qu'un vieux lion sans griffes et sans dents? Cette jeune femme qui me parle si doucement, ce Bédouin qui se fie à moi, cette voix de ma mère qui sort de la tombe, tout cela, c'est de la magie. Maudit amulette, c'est toi qui m'as perdu! » et il arracha de son bras le talisman.

« Capitaine, dit Abdallah, il faut nous enfoncer dans le désert, si tu ne veux pas rencontrer cette caravane que nous voyons là-bas en route pour la noble Médine.

— Non, répondit Kara-Chitan; au contraire, j'irai la rejoindre; maintenant je n'ai plus besoin de toi. Que te donnerai-je pour te remercier? Tiens, prends ce talisman. Tu ne sais pas ce que tu lui dois; tu ne sais pas ce qu'il me coûte. Adieu, si on dit devant toi que je suis un lâche, n'oublie pas que j'ai été ton hôte et ton ami. »

Et poussant sa monture, il s'éloigna d'un pas rapide, laissant Abdallah surpris de ces paroles étranges dont le sens lui échappait.

Resté seul, le fils de Youssouf voulut attacher

à son bras l'amulette protecteur ; c'était un petit rouleau de parchemin entouré d'un fil de soie ; à l'un des côtés, on avait cousu un morceau de velours sur lequel était fixée comme une abeille d'or. Abdallah poussa un cri de joie ; il ne pouvait s'y tromper, c'était la troisième feuille : le trèfle était complet ! Le fils de Youssouf n'avait plus rien à chercher sur la terre : la feuille de diamant l'attendait au ciel.

L'âme pleine de reconnaissance, Abdallah, se jeta la face contre terre, et d'une voix émue récita le *fattah*.

Au nom de Dieu clément et miséricordieux.
Louange à Dieu, maître de l'univers,
Le clément, le miséricordieux,
Souverain au jour de la rétribution ;
C'est toi seul que nous adorons, c'est toi seul dont nous implorons le secours;
Garde-nous dans le droit chemin,
Dans le chemin de ceux que tu as comblés de tes bienfaits,
Non pas de ceux qui ont encouru ta colère, ni de ceux qui s'égarent.
Amen, ô Seigneur des anges, des génies et des hommes [1].

La prière achevée, Abdallah reprit le chemin de sa demeure, l'esprit joyeux, le pied léger.

[1] Coran, chap. I.

Une pensée nouvelle était entrée dans sa tête, une pensée qui était elle-même un nouveau bonheur. Était-il sûr que la feuille de diamant fût tombée dans le paradis? Ces trois feuilles réunies de tous les points du monde n'appelaient-elles pas leur sœur? Un bienfait de Dieu peut-il rester incomplet? Pourquoi un nouvel effort, un dévouement plus entier à la volonté divine n'obtiendrait-il pas le prix suprême après lequel soupirait le cœur d'Abdallah?

Enivré de son désir, le fils de Youssouf marchait sans s'inquiéter des longueurs et des fatigues de la route; la nuit seule le força de s'arrêter. Le temps était sombre, la lune ne se levait que vers le matin. Enveloppé dans son burnous, le Bédouin se jeta au pied d'un arbre et s'endormit aussitôt. Sa pensée ne le quitta pas ; dans son rêve, il voyait toujours le trèfle divin, mais les feuilles grandissaient et prenaient une forme humaine; c'était Léila, c'était Hafiz, c'était Halima, c'était la pauvre Cafour qui, en se donnant la main, formaient la plante mystérieuse et entouraient Abdallah de leur sourire et de leur amour. « A demain! mes bien-aimés, murmurait le jeune homme, à demain! »

« Dieu s'est réservé la connaissance de l'heure .. Personne ne sait ce que demain lui apportera, personne ne sait en quel point de la terre il mourra ; Dieu le sait, il connaît tout[1]. »

[1] Coran, XXXI, 34.

CHAPITRE XXVI

LE RETOUR

Quand le fils de Youssouf se réveilla, la lune répandait sur les sables sa douce lumière, mais déjà on sentait le vent du matin. Le voyageur impatient pressa le pas, et aux premiers rayons du jour, après une courte montée, il aperçut dans le lointain les tentes de la tribu. En avant et plus près de lui était sa demeure ; il attendait la fin de l'automne pour s'éloigner du jardin qu'il avait planté, du berceau où se plaisait Léila.

A la vue de son peuple, Abdallah s'arrêta pour reprendre haleine et pour jouir du spectacle qu'il avait sous les yeux. Au calme de la nuit succédait la première émotion du réveil. Quelques femmes, portant une cruche sur la tête, se dirigeaient déjà vers les puits ; les chameaux bramaient en relevant leur long cou, les troupeaux enfermés bêlaient en appelant le berger. Autour de la tente d'Abdallah tout était silencieux ; dans le jardin il n'y avait ni mouvement ni bruit. « Mon oncle se fait vieux, pensa le Bédouin ; là-bas on a grand besoin de moi. Quelle joie de les surprendre tous ! Qui m'eût dit autrefois qu'un jour d'absence me paraîtrait si long ? »

Comme il descendait la colline, un cheval partit devant lui et s'enfuit au galop : c'était la Colombe ; il l'appela. La cavale effarouchée s'enfuit vers le douar ; pour la première fois elle n'entendait pas la voix de son maître.

« Qui a désentravé la Colombe? dit Abdallah. Qui l'a effrayée? C'est quelque nouvelle folie de Cafour. Comment ne fait-on pas meilleure garde? »

Il entra par le jardin, la porte était ouverte. Au bruit de ses pas, les chiens sortirent de la tente ; mais, au lieu de courir à lui, ils se prirent à hurler de façon lugubre. « Dieu est grand ! s'écria le fils de Youssouf ; le malheur est entré chez moi ! »

En un moment il sentit l'amertume de la mort. Il voulut avancer, ses genoux plièrent ; un nuage lui passa sur les yeux. Il voulut appeler, la voix lui resta dans la gorge. Enfin, faisant un effort suprême : « Mon oncle, cria-t-il, ma mère, Léila, Cafour, où êtes-vous ? »

Point de réponse. Les ramiers roucoulaient au haut des arbres, les abeilles bourdonnaient autour des dernières fleurs, l'eau murmurait en glissant sur les cailloux des rigoles, tout vivait dans le jardin, la tente était muette et morte.

Abdallah se traîna de buisson en buisson, puis le cœur lui revint, le sang lui monta au visage. Il avança en chancelant, comme un homme ivre qui n'est plus maître de ses pas.

Dans la tente, personne; tout était vide : des meubles renversés, une table rompue ; on avait lutté. Le rideau de la chambre des femmes était baissé; Abdallah y courut : en entrant il trébucha sur un cadavre : c'était Hafiz.

Le boiteux était étendu sur le dos, les dents serrées, la bouche pleine d'écume, les traits contractés par la fureur. Ses mains étaient crispées; dans la gauche il tenait un lambeau de coton bleu, c'était la robe de Léila ; dans la droite un lambeau d'écarlate, arraché sans doute au ravisseur. Brave Hafiz ! on n'avait point osé l'attaquer en face ; c'était par derrière, et quand il défendait Léila, que les lâches l'avaient assassiné.

Abdallah se mit à genoux près de son oncle et lui ferma les yeux. « Dieu te fasse miséricorde, murmura-t-il ; qu'il soit bon pour toi comme tu as été bon pour nous. »

Il se leva sans verser une larme, et sortant d'un pas ferme, il marcha vers le douar.

A mi-chemin la force lui manqua ; il fut obligé de s'appuyer contre un palmier. Prenant alors ses deux pistolets, il les déchargea en même temps.

A ce bruit, on accourut de toutes parts ; hommes et femmes entourèrent Abdallah, pâle, les yeux égarés, le corps tremblant.

« Vous voilà ! s'écria-t-il, les braves ! les Beni-Ameurs ! les rois du désert ! Ah ! fils de juifs ! cœurs de femmes ! lâches ! que Dieu vous maudisse ! »

Et pour la première fois il pleura.

Un cri de fureur répondit à ses paroles.

« Il est fou, dit un des anciens ; respect à celui dont l'âme est avec Dieu. Voyons, mon enfant, ajouta-t-il en prenant la main d'Abdallah, calme-toi ; qu'y a-t-il ?

— Ce qu'il y a ! s'écria le jeune homme ; cette nuit, en mon absence, on m'a tué Hafiz ; on m'a enlevé ma mère, on m'a ravi tout ce que j'aime. Et vous, vous avez dormi ; vous n'avez rien entendu. Malédiction sur vous! à moi le malheur, à vous l'outrage et l'infamie ! »

Aux premiers mots d'Abdallah, les femmes avaient couru vers la tente ; on les entendit qui élevaient la voix en pleurant. Le cheik baissa la tête :

« Qui donc eût veillé sur les tiens, dit-il, quand pour les défendre il y avait et ton oncle et ton frère ?

— Mon frère ! dit Abdallah ; c'est impossible.

— Hier soir, reprit un Bédouin, ton frère est venu avec six esclaves. J'ai bien reconnu le petit marchand ; j'ai aidé le vieil Hafiz à tuer le mouton qu'il a servi au souper de ses hôtes. »

Le fils de Youssouf cacha son visage dans ses mains, puis il regarda ses compagnons, et d'une voix éteinte :

« Voyez, dit-il, ce qu'a fait mon frère, et conseillez-moi.

— Le conseil est aisé, répondit le cheik. Après l'outrage, la vengeance ! Tu es un doigt de notre main ; qui te touche nous blesse ; qui cherche ta vie cherche la nôtre. Omar a quelques heures d'avance sur nous, mais, avec l'aide de Dieu, avant ce soir nous le tuerons.

— Allons ! les braves, ajouta-t-il, sellez vos juments, et prenez double ration d'eau ; le temps est lourd, les outres sécheront vite. Partons ! »

Avant de monter à cheval, Abdallah voulut revoir son oncle. Déjà les femmes entouraient le corps et commençaient leurs lamentations.

« O mon père, ô mon seul ami, murmura le Bédouin, tu sais pourquoi je pars. Ou je ne rentrerai pas dans cette demeure, ou tu seras vengé. »

Les Beni-Ameurs avaient suivi le fils de Youssouf ; le cheik regarda longtemps le vieil Hafiz, et levant la main : « Maudit soit, dit-il, celui d'entre nous qui reviendra près de sa femme avant d'avoir abattu l'ennemi ! Malheur à qui nous insulte ; avant ce soir nous jetterons son cadavre aux aigles et aux chacals ; toute la terre saura si les Beni-Ameurs sont des frères qui se tiennent, ou des enfants dont on se joue. »

CHAPITRE XXVII

LÉILA

Ce fut au milieu des imprécations des femmes et au cri de : *Vengeance !* qu'on se mit en route ; une fois dans le désert, on fit silence, chacun préparant ses armes et regardant à l'horizon. Suivre la caravane n'était pas difficile, le vent n'avait pas encore effacé le pas des chameaux, toutes les traces portaient vers Djeddah. Abdallah, toujours en avant, comptait les minutes et appelait Dieu à son secours ; mais quelque loin qu'il portât les yeux, il ne voyait rien que la solitude. L'air était brûlant, le ciel chargé d'orage. Les chevaux haletants, et couverts de sueur, n'avançaient qu'au pas ; le fils de Youssouf soupira, la vengeance lui échappait.

Enfin, il aperçut un point noir à l'horizon, c'était la caravane ! Elle avait senti l'approche de la tourmente et s'était réfugiée près de ces roches Rouges que connaissait si bien Abdallah.

« Amis, s'écria-t-il, nous les tenons ; les voilà, Dieu nous les a livrés ; en avant ! » — Et chacun, oubliant la fatigue, lança son cheval sur les ravisseurs.

Dans ces plaines sans fin il n'est pas aisé de surprendre un ennemi qui se tient sur ses gardes. Omar reconnut bientôt ceux qui le cherchaient, et ne les attendit pas. On le vit qui rangeait les chameaux et plaçait derrière eux quelques conducteurs pour simuler une défense et retarder les Beni-Ameurs ; puis il monta à cheval et avec le reste de la bande il s'enfonça dans le désert.

Les Bédouins arrivaient. A la première décharge, les chameliers d'Omar lâchèrent pied et s'enfuirent dans les rochers ; la fumée n'était pas dissipée qu'une femme courut au-devant d'Abdallah. C'était Halima qu'on avait laissée en arrière, et qui échappait à ses ennemis.

« Sois béni ! mon fils, cria-t-elle ; ne t'arrête pas ; cours au nègre en burnous rouge, c'est l'assassin d'Hafiz, c'est le ravisseur de Léila. Venge-nous ; œil pour œil, dent pour dent, âme pour âme ! mort aux traîtres ! mort aux meurtriers ! »

A ces cris, la Colombe, comme si elle ressentait la passion de son maître, entra dans les sables avec la vitesse d'un torrent. C'est à grand'peine que les Bédouins pouvaient se tenir en vue de leur compagnon. Pour Abdallah, la fureur lui faisait oublier le danger. « Lâches, disait-il aux complices d'Omar, où voulez-vous fuir, quand Dieu vous poursuit ? » et le sabre levé, il passait au milieu des balles, l'œil fixé sur le nègre qui emportait Léila.

Bientôt les deux ennemis eurent dépassé les combattants ; l'Éthiopien monté sur un cheval rapide fuyait comme la flèche dans l'air, Abdallah le suivait de près, la Colombe gagnait du terrain, la vengeance approchait.

Léila, placée à l'avant de la selle et retenue par un bras puissant, appelait son époux ; elle se soulevait sous l'étreinte qui l'étouffait ; elle luttait, mais en vain, contre le terrible cavalier. Tout à coup elle saisit la bride, et lui donna une saccade qui troubla le cheval et un instant l'arrêta.

« Malédiction, dit le nègre, je suis perdu ; lâche la bride, maîtresse, tu me fais tuer.

— A moi, mon bien-aimé ! » criait Léila ; et malgré les menaces et les coups, ses mains tiraient la bride avec toute la force que donne le désespoir. »

Elle était sauvée. Le fils de Youssouf tombait comme l'éclair sur le ravisseur, quand la Colombe, effrayée, s'écarta brusquement par un bond énorme et qui eût renversé tout autre que son maître. Une masse bleuâtre était tombée aux pieds du cheval ; Abdallah entendit un gémissement qui lui glaça le cœur.

Sans s'inquiéter de l'ennemi qui lui échappait, le Bédouin sauta à terre ; il releva la malheureuse Léila, pâle, pleine de sang, le visage bouleversé. Une large plaie lui ouvrait la gorge, ses yeux hagards ne voyaient plus.

« Léila, mon amour, réponds-moi, » disait le fils de Youssouf en serrant sa femme contre son cœur, tandis qu'il comprimait la plaie béante d'où sortaient le sang et la vie. Léila ne l'entendait plus.

Il s'assit sur le sable avec son précieux fardeau et prenant la main de Léila, il lui leva un doigt en l'air : Mon enfant, dit-il, répète avec moi : Il n'y a de Dieu que Dieu, et Mahomet est son prophète. Réponds-moi, je t'en supplie, c'est ton époux, c'est ton Abdallah qui t'appelle. »

A ce nom, Léila tressaillit, ses yeux cherchèrent celui qu'elle aimait, ses lèvres s'entr'ouvrirent ; puis sa tête tomba sur l'épaule d'Abdallah, comme sur l'épaule du chasseur tombe la tête d'une chevrette morte.

Quand les Beni-Amours joignirent le fils de Youssouf, ils le trouvèrent à la même place, immobile, tenant sa femme entre ses bras et regardant fixement ce visage qui semblait lui sourire. Ils entourèrent en silence leur compagnon ; si habitués qu'ils fussent à la vie, il y en avait plus d'un qui pleurait.

A la vue de la morte, Halima poussa le cri d'une femme en mal d'enfant, et se jeta sur son fils. Puis se relevant soudain : « Sommes-nous vengés ? dit-elle ; Omar est-il mort ? le nègre est-il tué ?

— Vois ces corbeaux qui s'assemblent là-bas, dit un Bédouin, c'est là qu'est le meurtrier d'Hafiz. Omar nous a échappé ; mais voici le simoun qui se lève, Omar ne sortira pas du désert ; avant une heure le sable lui servira de linceul.

— Mon fils, recueille ton courage, dit Halima; notre ennemi vit encore; laisse les pleurs aux femmes; laisse-nous ensevelir nos morts; va frapper le traître, Dieu t'accompagne. »

Ces paroles ranimèrent Abdallah. « Dieu est grand, s'écria-t-il; vous avez raison, ma mère; à vous les larmes, à moi la vengeance! »

Il se leva, remit Léila entre les mains de la Bédouine, et regardant cette pâle figure avec une tendresse infinie.

« La paix soit avec toi, fille de mon âme, dit-il d'une voix lente et grave. La paix soit avec toi qui es maintenant en la présence du Seigneur! Reçois ce qui t'a été promis. C'est Dieu qui nous élève, c'est Dieu qui nous abat; c'est Dieu qui fait vivre, c'est Dieu qui fait mourir! Nous aussi, s'il plaît au Seigneur, nous irons bientôt le rejoindre. O Dieu! pardonne-lui, pardonne-nous! »

Il leva les bras au ciel, murmura le *fattah*, et passant la main sur son front, il embrassa sa mère et monta à cheval.

« Où vas-tu? lui dit un cheik; ne vois-tu pas ce nuage de feu qui avance? Nous n'avons que le temps de gagner les roches Rouges : la mort est là-bas.

— Adieu, répondit Abdallah ; il n'y a plus de repos pour moi qu'à l'ombre de la mort. »

CHAPITRE XXVIII

LA VENGEANCE

A peine le fils de Youssouf avait-il quitté ses amis qu'il se trouva en face d'un cadavre ; c'était le nègre, déjà couvert d'oiseaux de proie qui, avec des cris aigus, lui arrachaient les sourcils et les yeux.

« Dieu hait les perfides, murmura le Bédouin, Dieu me livrera le fils de Mansour. »

La tourmente approchait ; le ciel était d'une blancheur laiteuse ; le soleil sans rayons ressemblait à une meule enflammée ; un souffle empoisonné séchait la salive dans la gorge et faisait bouillir la moelle des os. Au loin on entendait un bruit comme celui de la mer en courroux ; des tourbillons de cendre rouge sortaient des sables et montaient au ciel en tournoyant ; on eût dit de géants au visage de feu, aux bras de fumée ; partout la désolation, partout une chaleur, implacable, et par instants un silence plus horrible encore que le gémissement du simoun.

Sur cette terre morte de sécheresse, la Colombe avançait lentement, la poitrine haletante, les flancs palpitants ; son maître avait la tranquillité d'un homme qui ne connaît plus ni la crainte ni l'espoir. Il ne sentait ni la chaleur ni la soif ; une seule pensée dominait son corps et son âme : joindre l'assassin et le tuer.

Après une heure de marche, il vit un cheval renversé sur le sable, un peu plus loin il entendit comme un soupir. Il approcha ; un homme gisait dans la poussière, mourant de soif et n'ayant pas la force de jeter un cri. C'était le fils de Mansour. Les yeux lui sortaient de la tête, sa bouche était toute grande ouverte, de ses mains il comprimait sa poitrine épuisée. Égaré par la souffrance, il ne reconnut point Abdallah ; tout ce qu'il put faire fut de porter les doigts à son gosier desséché.

« Oui, tu auras de l'eau, dit le Bédouin, ce n'est pas ainsi que tu dois mourir. »

Il descendit de cheval, prit une outre à l'arçon de la selle, et quand il eut jeté au loin les pistolets et le sabre d'Omar, il porta la peau de bouc aux lèvres du moribond. Omar but à longs traits cette eau qui lui rendait la vie et se trouva en face d'Abdallah.

« C'est toi qui me sauves, murmura-t-il, je reconnais ton inépuisable bonté. Tu es le frère de ceux qui n'ont pas de frère, tu es une rosée bienfaisante pour les malheureux.

— Fils de Mansour, dit le jeune homme, il faut mourir.

— Grâce ! mon frère, s'écria le marchand qui revint au sentiment du danger ; tu ne m'as pas sauvé la vie pour me donner la mort ! Grâce ! au nom de ce que tu as de plus cher au monde; grâce ! au nom de celle qui nous a nourris tous les deux.

— Halima te maudit, répondit Abdallah ; il faut mourir. »

Effrayé de l'air sinistre du Bédouin, Omar se jeta à genoux : « Mon frère, dit-il, je sais quel est mon crime ; j'ai mérité ta colère ; mais si grande que soit ma faute, ne puis-je la racheter? Veux-tu ma fortune tout entière, veux-tu être le plus riche de l'Arabie?

— Tu as tué Hafiz, dit Abdallah, tu as tué Léila, il faut mourir.

— Léila est morte! s'écria le fils de Mansour, en versant des larmes ; cela ne se peut pas! Que son sang retombe sur la tête du meurtrier, je ne suis pas coupable. Épargne-moi, Abdallah, aie pitié de moi.

— Autant vaudrait implorer la porte d'un tombeau, répondit le fils de Youssouf ; dépêche-toi, ajouta-t-il en tirant son sabre ; que Dieu te donne la patience d'endurer l'affliction qu'il t'envoie.

— Au moins, mon frère, répondit Omar d'une voix émue, laisse-moi dire ma prière. Tu ne voudrais pas que l'ange de la mort me saisît avant que j'aie imploré la miséricorde de Dieu.

— Fais ta prière, » dit le Bédouin.

Le marchand défit son turban qu'il étendit devant lui, puis il rejeta sa robe sur ses épaules, et baissant la tête, il attendit le coup mortel.

« Dieu est grand, murmurait-il ; il n'y a de force et de pouvoir qu'en Dieu. C'est à lui que nous appartenons, à lui que nous retournons. O Dieu, souverain au jour de la rétribution, délivre-moi du feu d'enfer ; prends pitié de moi! »

Abdallah le regardait en pleurant. « Il le faut disait-il; il le faut, » et cependant le cœur lui manquait. Ce misérable, c'était son frère, il l'avait aimé, il l'aimait encore. Quand l'amour est entré dans l'âme, il y tient comme la balle dans la chair; on peut l'en arracher, la plaie reste toujours. C'est en vain que pour se donner du courage le fils de Youssouf rappelait dans son esprit l'image de son oncle égorgé, de sa femme mourante; ce qu'il voyait, malgré lui, c'étaient les jours heureux de sa jeunesse. Halima serrait les deux enfants sur son sein, le vieil Hafiz les prenait dans ses bras pour leur conter ses aventures de guerre. Plaisirs partagés, tristesses communes, tous ces souvenirs si doux sortaient du passé pour protéger le fils de Mansour. Chose étrange! les victimes elles-mêmes se relevaient pour demander la grâce de l'assassin. « C'est ton frère, il est sans défense, disait le vieux Bédouin. — C'est ton frère, criait Leïla éplorée, ne le tue pas. — Non, non, murmurait le jeune homme en repoussant ces ombres chéries, il le faut; quand on punit le crime, la justice est piété. »

Quelque troublé que fût le fils de Mansour, l'hésitation d'Abdallah n'échappa point à son œil clairvoyant. Omar, tout en larmes, embrassa les genoux de son juge.

« O mon frère, lui dit-il, n'ajoute pas ton iniquité à la mienne. Rappelle-toi ce que dit Abel à son frère qui le menaçait : « Si tu étends la main sur moi pour me frapper, je n'étendrai pas la mienne sur toi, car je crains Dieu, le Seigneur de toutes les créatures[1]. » Hélas ! ma folie a été plus grande que celle de Caïn. Tu as droit de me tuer, ma vie est trop peu pour expier le crime où la passion m'a conduit. Mais Dieu, qui pardonne, aime ceux qui l'imitent. Il a promis l'indulgence à ceux qui se souviennent de lui, laisse-moi me repentir. Il a promis un paradis vaste comme les cieux et la terre à ceux qui maîtrisent leur colère, pardonne-moi pour que Dieu te fasse miséricorde. Dieu aime ceux qui agissent avec bonté[2].

— Relève-toi, dit Abdallah ; ces paroles t'ont sauvé. La vengeance est à Dieu ; que le Seigneur soit ton juge ; je ne mettrai pas ma main dans le sang de celui que ma mère a nourri.

— Vas-tu m'abandonner ici ? dit Omar en

[1] Coran, V, 31.
[2] Coran, III, 117-130.

regardant autour de lui d'un air inquiet ; ce serait plus cruel que de me tuer. »

Pour toute réponse, Abdallah lui montra la Colombe ; Omar s'élança sur la cavale, et sans retourner la tête, il lui enfonça l'étrier dans le ventre, et disparut.

« Allons, pensait-il en courant au travers du sable soulevé par les vents, si j'échappe à la rafale, me voilà sauvé du péril qu'on m'avait prédit. Cet Abdallah est bien imprudent de rester dans le désert par un pareil temps, seul, sans cheval et sans eau. Que sa folie soit sur sa tête ! Oublions ces Bédouins maudits qui ne m'ont jamais apporté que le malheur. Le moment est venu de vivre enfin pour moi. »

CHAPITRE XXIX

FEUILLE DE DIAMANT

Quand il a réussi, le méchant rit dans son cœur, et dit : « Je suis habile ; l'habileté est la reine du monde. » Le juste, quoi qu'il arrive, se résigne, et levant les mains au ciel il dit ; « Seigneur, tu égares et tu diriges qui tu veux : tu es le puissant et le sage[1] ; ce que tu fais est bien fait. »

Abdallah reprit le chemin de sa demeure, avec une tristesse profonde. Son âme était toujours inquiète ; il en avait chassé la colère, il n'en pouvait arracher la douleur. De grosses larmes lui coulaient sur le visage, il faisait de vains efforts pour les arrêter. « Pardonne-moi, Seigneur, disait-il, sois indulgent pour la faiblesse d'un cœur qui ne peut se résigner. Le pro-

[1] Coran, XIV, 3.

phète l'a dit : « Les yeux sont faits pour les « pleurs, la chair pour l'affliction. » Gloire à celui qui tient en ses mains l'empire de toutes choses! Qu'il me donne la force de souffrir ce qu'il a voulu ! »

C'est en priant ainsi qu'il marchait au milieu des sables et des tourbillons enflammés; la fatigue et la chaleur le forcèrent bientôt de s'arrêter. Ce n'était plus du sang qui coulait dans ses veines, c'était du feu. Une agitation étrange lui troublait le cerveau; il n'était plus maître ni de ses sens ni de sa pensée. Dévoré par une soif ardente, il y avait des moments où il ne voyait plus, où il n'entendait plus. Souvent aussi il apercevait dans le lointain des jardins pleins d'ombrages, des lacs entourés de fleurs; le vent soufflait dans les arbres, une source jaillissait au milieu des herbes. A cette vue qui le ranimait, le Bédouin se traînait vers ces ondes enchantées. Illusion cruelle! jardins, eaux vives, tout s'évanouissait à son approche : rien autour de lui que le sable et le feu. Éperdu, hors d'haleine, Abdallah sentit que sa dernière heure approchait : « Il n'y a de Dieu que Dieu, s'écriat-il, et Mahomet est l'apôtre de Dieu ! Il est écrit que je ne sortirai pas d'ici. Seigneur, viens à mon aide, éloigne de moi les horreurs de la mort. »

Il s'agenouilla, se lava la figure et les mains avec la poudre du désert; puis, prenant son sabre, il se mit à creuser lui-même son tombeau.

Comme il commençait à remuer la terre, il lui sembla tout à coup que la tourmente était chassée du ciel. L'horizon s'éclaira d'une lueur plus douce que l'aurore, et s'ouvrit lentement comme le rideau d'une tente. Était-ce un nouveau mirage? Qui le sait? Abdallah resta muet de surprise et d'admiration.

Devant lui s'épanouissait un jardin immense, arrosé par des ruisseaux qui couraient de toutes parts. Des arbres dont le tronc était d'or, les feuilles d'émeraude, les fruits de topaze et de rubis, couvraient de leur ombre lumineuse des prairies émaillées de fleurs inconnues. Couchés sur des coussins et des tapis magnifiques, de beaux jeunes gens, vêtus de satin vert, les bras chargés de bracelets, se regardaient l'un l'autre avec bienveillance, buvant dans des coupes d'argent l'eau des fontaines célestes, cette eau plus blanche que le lait, plus suave que le miel, et qui éteint la soif pour toujours. Auprès des jeunes gens étaient de belles filles aux grands yeux noirs, au regard modeste. Créées de la lumière, et transparentes comme elle, leur grâce ravissait les yeux et le cœur; leur figure brillait d'un éclat plus doux que la lune sortant des nuages. Dans ce royaume de délices et de paix, tous ces couples heureux causaient en souriant, tandis que de beaux enfants d'une jeunesse éternelle les entouraient comme les perles d'un collier, chacun d'eux tenant un vase plus étincelant que le cristal, et versant aux bienheureux cette liqueur inépuisable qui n'enivre pas, et dont le goût est plus agréable que la senteur même de l'œillet.

Au loin on entendait l'ange Izrafil, la plus mélodieuse des créatures de Dieu ; les houris unissaient leurs voix enchanteresses au cantique de l'ange ; les arbres mêmes, en agitant leur feuillage sonore, célébraient la louange divine avec une harmonie qui dépasse tout ce que l'homme a rêvé.

Tandis qu'Abdallah admirait ces merveilles en silence, un ange descendit vers lui. Ce n'était pas le terrible Azraël, c'était le messager des grâces célestes, le bon, l'aimable Gabriel. Il tenait à la main une petite feuille de diamant ; mais si petite qu'elle fût, la lumière qu'elle jetait illuminait tout le désert !

L'âme enivrée, le fils de Youssouf courut au-devant de l'ange. Bientôt il s'arrêta tout effrayé. A ses pieds s'ouvrait un gouffre énorme, plein de flamme et de fumée. Pour franchir cet abîme qui séparait la terre et le ciel, il n'y avait qu'une arche immense faite d'une lame d'acier plus fine qu'un cheveu, plus tranchante que le fil de l'épée.

Déjà le désespoir prenait le Bédouin, quand il se sentit soutenu et poussé par une force invisible ; Hafiz et Léila étaient auprès de lui ; il ne les voyait pas, il n'osait pas se retourner de peur de s'éveiller, mais il sentait leur présence, il entendait leurs douces paroles ; tous deux l'entraînaient et le portaient avec eux. « Au nom de Dieu clément et miséricordieux, » s'écria-t-il. A ces mots, qui sont la clef du paradis, il passa de l'autre côté du pont, comme passent l'éclair et le vent.

L'ange était là, lui tendant la fleur mystérieuse ; le jeune homme s'en saisit. Enfin, le trèfle à quatre feuilles était à lui, l'ardeur du désir était éteinte, le voile du corps était levé, l'heure de la récompense avait sonné. Gabriel tourna les yeux vers le fond du jardin, là où est le trône de la majesté divine. Le regard d'Abdallah suivit le regard de l'ange, une étincelle de la spendeur éternelle frappa le Bédouin au visage. A cet éclat que nul œil ne peut supporter, Abdallah tomba la face contre terre en poussant un grand cri.

Ce cri, l'oreille de l'homme ne l'avait jamais entendu ; la voix de l'homme ne l'a jamais répété. Non, l'ivresse du naufragé qui échappe à la rage des flots ; non, le ravissement de l'époux qui pour la première fois presse sa bien-aimée sur son cœur; non, les transports de la mère qui retrouve le fils qu'elle a pleuré ; non, toutes les joies de la terre ne sont que deuil et affliction auprès de ce cri de bonheur qui sortit de l'âme d'Abdallah.

A cette voix, répétée au loin par l'écho, la terre reprit la beauté de ses jours d'innocence et se couvrit des fleurs du paradis ; le ciel plus bleu que le saphir sembla sourire à la terre, puis peu à peu le silence se fit, le jour tomba et l'ouragan reprit l'empire du désert.

CHAPITRE XXX

LE BONHEUR D'OMAR

En rentrant dans sa maison de Djeddah, le fils de Mansour ressentit la joie d'un condamné qui échappe à la mort : il s'enferma pour reprendre possession de lui-même ; il revit ses richesses, il remua son or : c'était sa vie, c'était sa puissance ! Ses trésors ne lui donnaient-ils pas le moyen d'asservir les hommes et le droit de les mépriser ?

Toutefois le plaisir d'Omar n'était pas sans mélange ; il y avait encore plus d'un danger à l'horizon. Si Abdallah rentrait chez lui, ne pouvait-il pas regretter sa clémence ? S'il mourait dans le désert, ne laisserait-il pas de vengeur ? Le chérif pouvait se croire offensé. Le pacha ne vendrait-il pas bien cher sa protection ? Le fils de Mansour chassa ces idées importunes. « Pourquoi m'effrayer, pensait-il, quand le plus fort du péril est passé, grâce à mon adresse ? Suis-je à bout de ressources ? Mes vrais ennemis sont tombés, ne viendrai-je pas à bout des autres ? La vie est un trésor qui diminue tous les jours : quelle folie de le dissiper en de vaines inquiétudes ! Qu'il est difficile d'être parfaitement heureux ici-bas ! »

A ces craintes raisonnables s'ajoutaient d'autres soucis qui étonnaient le fils de Mansour. Malgré lui il songeait au boiteux qu'il avait fait tuer ; il ne pouvait écarter ni le souvenir de Léila, ni l'image de son frère mourant dans le désert, victime d'un généreux dévouement.

« Voilà, disait-il, de ces sottes imaginations qui nous font blanchir la barbe avant l'âge. Quelle faiblesse de songer à de pareilles choses ! Puis-je changer la destinée ? Si le vieil Hafiz n'est plus en vie, c'est qu'il avait fait son temps. Du jour où Abdallah est entré dans le sein de sa mère, sa mort était écrite devant Dieu. Pourquoi donc me troubler ? Ne suis-je pas riche ! J'achète la conscience d'autrui, j'achèterai le repos de mon cœur. »

Il avait beau faire, son âme était comme la mer

agitée ; quand la mer ne peut apaiser ses flots, elle jette au rivage l'écume et la fange. « Il faut gagner du temps, pensait-il ; ce que j'éprouve n'est qu'un reste de frayeur et d'agitation, les sots appellent cela le remords, ce n'est qu'un peu de fatigue et de fièvre ; je sais le moyen de me guérir. J'ai là un vin de Chiraz qui m'a consolé plus d'une fois, pourquoi ne pas lui demander la patience et l'oubli ? »

Il monta dans son harem et appela une esclave persane dont la voix le charmait. C'était une hérétique que l'usage de la coupe n'effrayait guère, elle versait avec une grâce infernale ce poison maudit des vrais musulmans.

« Comme tu es pâle, maître, dit-elle en apercevant les traits décomposés du fils de Mansour.

— C'est la fatigue d'un long voyage, répondit Omar. Verse-moi du vin et chante-moi une de ces chansons de ton pays qui chassent l'ennui et qui ramènent la gaieté. »

L'esclave apporta deux coupes de verre incrustées d'or ; elle y versa une liqueur jaune comme la paille et transparente comme l'ambre ; puis, prenant un tambour de basque, qu'elle frappait de la main et du coude ou qu'elle faisait tressaillir au-dessus de sa tête, elle chanta une des odes parfumées du Rossignol de Chiraz[1].

> Porte ces verres à la ronde,
> Enfant, et remplis-les de vin;
> Tous les maux dont la vie abonde
> Sont guéris par ce jus divin.
> Si ton front a déjà des rides,
> Si tu crains la longueur des nuits,
> Jette dans ces flammes liquides
> Tes souvenirs et tes ennuis!
>
> Chassez-moi ce buveur morose,
> Qui pleure toujours ses vingt ans;
> Ces vins, couleur d'ambre et de rose,
> Voilà les fleurs et le printemps!
> Tout est fané dans nos parterres?
> Le rossignol fuit nos berceaux?
> Trinquons; le cliquetis des verres
> N'est-ce pas le chant des oiseaux?
>
> Laissons la fortune traîtresse
> Chez les sots et chez les méchants;
> Que nous donnerait la richesse?
> Voici du vin, voilà des chants!
> Chaque nuit je revois en songe
> Une ingrate qui m'a trahi;
> O vin! rends-moi ce doux mensonge;
> Verse-moi l'amour et l'oubli.

« Oui, verse-moi l'oubli, s'écria le fils de Mansour; je ne sais ce qui me trouble aujourd'hui :

[1] On trouve cette ode d'Hafiz traduite en français par le célèbre William Jones, à la suite de son *Histoire de Nader-Chah*. Londres, 1770, page 268.

ce vin m'attriste au lieu de m'étourdir. Frappe plus fort sur ton tambour ; chante plus vite, fais-moi du bruit, enivre-moi. »

La belle Persane reprit sa chanson d'une voix sonore, en faisant gronder le tambour :

> *Hafiz*, tu dissipes ta vie,
> Tu bois la folie et la mort !
> — Sages vieillards, *Hafiz* n'envie
> Ni vos cheveux blancs ni votre or ;
> Amusez-vous à le maudire,
> Nuit et jour, il veut s'enivrer,
> Car le vin seul le fait sourire,
> Et seul aussi le fait pleurer.

« Malédiction ! cria Omar en menaçant l'esclave, qui s'enfuit tout effrayée. Quel nom m'apportes-tu ! les morts ne peuvent-ils rester dans la terre ! Viendront-ils jusqu'ici pour gêner ma vie ? Débarrassé de mes ennemis, me laisserai-je troubler par des fantômes? Loin de moi ces chimères ! J'arracherai ces souvenirs ; malgré tout, je serai heureux et je rirai. »

Comme il disait cela, il poussa un cri d'effroi ; Cafour était devant lui.

« D'où sors-tu, fille d'enfer ! dit-il ; que fais-tu chez moi ?

— Je te le demande, répondit l'enfant ; ce n'est

pas de mon gré que les gens m'ont conduite dans ton harem.

— Va-t'en, je ne veux pas te voir.

— Je ne sortirai pas, reprit Cafour, que tu ne m'aies rendu ma maîtresse ; je suis à Léila, je veux la servir.

— Ta maîtresse n'a plus besoin de tes services.

— Pourquoi ? dit la négresse.

— Pourquoi ? répondit le fils de Mansour d'une voix saccadée ; tu le sauras plus tard ; Léila est au désert, va la retrouver.

— Non, dit Cafour, je reste ici, j'attends Abdallah.

— Abdallah n'est point chez moi.

— Il y est, dit l'enfant, j'ai vu son cheval.

— Mes gens ont emmené le cheval comme ils l'ont emportée.

— Non, reprit la négresse ; quand tes gens m'ont saisie, j'avais déjà désentravé la Colombe. Plus heureuse que moi, elle s'est échappée. Si la cavale est ici, Abdallah doit y être ; s'il n'y est pas, qu'as-tu fait de ton frère ?

— Hors d'ici, impudente ! s'écria le fils de Mansour ; ne m'interroge pas. Crains ma colère ;

je puis te faire mourir sous le bâton. » Comme il disait cela, ses yeux étaient ceux d'un homme égaré.

« Pourquoi me menacer? dit Cafour d'une voix adoucie. Quoique je ne sois qu'une esclave, peut-être as-tu besoin de moi. Maître, tu as quelque peine cachée, je le vois au trouble de ton visage ; cette peine, je puis la dissiper. Dans mon pays, on a des thériaques pour guérir le cœur. Le chagrin, le remords même fût-il au fond de ton âme, je puis l'en tirer, comme avec une pierre de bezoard on tire le poison qui ronge le corps.

— Tu as cette puissance, dit Omar d'un ton ironique, toi, un enfant? » Et il regarda Cafour, qui ne baissa point les yeux. « Pourquoi non? ajouta-t-il ; ces noirs du Maghreb sont tous des fils de Satan, ils ont les secrets de leur père. Eh bien ! oui, j'ai du chagrin ; guéris-moi, je te payerai.

— N'as-tu pas du bang[1], dans ton magasin ! dit Cafour ; laisse-moi t'en préparer un breuvage, je te rendrai le calme et la joie.

---

[1] *Bang* ou *hachich*, c'est le chanvre indien, qu'on boit ou qu'on fume pour s'enivrer.

— Fais ce que tu veux, dit Omar; tu es une esclave, tu sais que je suis riche et généreux, j'ai confiance en toi; à tout prix je veux jouir de la vie. »

Cafour eut bientôt trouvé des feuilles de chanvre; elle les apporta devant le fils de Mansour, qui d'un œil avide suivait la préparation. La négresse prit la plante, la lava par trois fois, la broya dans ses mains en prononçant des mots inconnus; puis elle pila les feuilles dans un mortier de cuivre et les mêla avec des épices et du lait.

« Voici la coupe d'étourdissement, dit-elle; bois et ne crains rien. »

Aussitôt qu'Omar eut bu, il se trouva la tête plus légère. Ses yeux s'ouvraient malgré lui; ses sens avaient une finesse extrême, mais, chose étrange, on eût dit que la volonté de Cafour était la sienne; si la négresse chantait, le fils de Mansour répétait la chanson; si elle se mettait à rire, il éclatait; si elle était sérieuse, il pleurait : si elle lui faisait une menace, il tremblait.

Quand Cafour le vit en sa puissance, elle voulut lui arracher son secret.

« Te voilà content, lui dit-elle en s'efforçant

de sourire, tu t'es vengé de tes ennemis.

— Bien content, répondit Omar en riant ; je suis vengé. La belle Léila n'aimera plus son Bédouin.

— Elle est morte? dit Cafour d'une voix tremblante.

— Elle est morte, dit Omar en pleurant ; ce n'est pas moi qui l'ai tuée, c'est le nègre ; pauvre femme, elle aurait été si bien dans mon harem !

— Et tu ne crains plus Abdallah ! reprit Cafour d'un air vainqueur.

— Non, je ne le crains pas ; je lui ai pris sa jument, je l'ai laissé seul au milieu du désert et de la tourmente. Il n'en sortira pas.

— Perdu dans les sables, mort peut-être ! s'écria Cafour en déchirant ses habits.

— Que veux-tu ! dit Omar d'un ton plaintif. C'était la destinée. On m'avait prédit que mon plus grand ami serait mon plus grand ennemi. Les morts vous aiment toujours ; il ne font de mal à personne.

— Quel ami avais-tu à craindre, toi qui n'as jamais aimé personne ! dit la négresse. Tiens, ajouta-t-elle, comme frappée d'une inspiration subite, cet ami qui te tuera, veux-tu que je te le montre?

— Non, non, s'écria Omar, tremblant comme un enfant qu'on menace. Amuse-moi, Cafour, ne me fais pas de chagrin.

— Regarde, dit l'esclave en lui mettant un miroir devant les yeux. Vois-tu l'assassin d'Hafiz! vois-tu le meurtrier de Léila! vois-tu le fratricide! vois-tu l'infâme! vois-tu celui pour qui il n'y a plus de repos? Misérable! tu n'as aimé que toi; ton égoïsme t'a perdu, ton égoïsme te tuera. »

A l'aspect de son visage contracté et de ses yeux hagards, Omar resta terrifié. Le jour se fit dans son âme, il eut horreur de lui-même; il s'arracha la barbe avec désespoir. Bientôt la honte lui rendit le sentiment, il regarda autour de lui, et à la vue de Cafour maîtresse de son secret, il entra dans une colère furieuse.

« Attends, fille de perdition, cria-t-il, je vais châtier ton insolence; je t'enverrai rejoindre ton Abdallah. »

Tout étourdi qu'il fût, il essaya de se lever; le pied lui manqua, il heurta le guéridon, et en tombant entraîna la lampe avec lui; le feu prit à ses vêtements; en un moment tout son corps fut en flammes.

« Meurs, scélérat, criait Cafour, meurs comme un chien! Abdallah est vengé! »

Le fils de Mansour poussait des cris lamentables; on les entendit du harem; on répondit à sa voix. Au bruit des pas, Cafour mit le pied sur le visage d'Omar et sautant légèrement, elle courut à la porte extérieure et disparut.

CHAPITRE XXXI

DEUX AMIS

Tandis qu'on secourait le fils de Mansour, Cafour sellait la Colombe, prenait une outre et quelques provisions, et s'enfonçait dans les rues étroites de Djeddah. La nuit était profonde, l'orage grondait au loin.

L'enfant se mit à caresser la cavale et à lui parler comme si une brute entendait le langage de l'homme.

« Colombe, mon amie, lui disait-elle, conduis-moi près de ton maître. A nous deux sauvons Abdallah. Tu sais comme il t'aime ; nul autre ne t'a soignée, aide-moi à le retrouver. Grâce à toi je le rendrai à sa mère, je pleurerai Léila avec lui, je le consolerai. Fais cela, ma Colombe, je t'aimerai. » Elle embrassa la cavale, et, se couchant sur le cou de l'animal, elle lui rendit la main.

Le cheval partit comme un trait ; on eût dit qu'un doigt invisible lui montrait le chemin. Quand, au point du jour, il passa dans la plaine devant un poste d'Arnautes, la sentinelle effrayée déchargea son fusil. Il avait vu, disait-il, Satan monté sur un cheval blanc et plus rapide que l'aigle qui tombe de la nue.

Ainsi volait la Colombe, sans s'arrêter, sans songer à boire. Un instinct étrange la poussait vers son maître. Elle marchait droit à lui, en dehors de la route, au travers des roches, des lits de torrents, des crevasses de sable, Dieu la guidait.

Vers le milieu de la journée, Cafour aperçut de loin Abdallah prosterné comme un homme en prières. « Maître ! maître ! cria-t-elle me voici. »

Ni les cris de l'enfant ni les pas de la cavale ne tirèrent Abdallah de son recueillement ; quand la Colombe s'arrêta il ne remua point. Cafour, toute tremblante, courut à lui. Il semblait endormi, sa figure était celle d'un derviche en extase, un sourire divin régnait sur ses lèvres ;

le chagrin avait fui de ce visage qui avait souffert.

« Reviens à toi, maître, disait la pauvre esclave en serrant Abdallah dans ses bras. » Il était froid, la vie avait quitté cette enveloppe mortelle : cet esprit fait pour le ciel, Dieu l'avait rappelé.

« Abdallah ! cria Cafour en se couchant sur lui et en le couvrant de baisers ; Abdallah, je t'aimais ! » Et elle livra son âme à Dieu.

Pendant longtemps la cavale regarda les deux amis avec inquiétude ; plus d'une fois elle poussa Cafour en promenant ses naseaux brûlants sur le visage de la négresse ; puis elle se coucha, enfonça sa tête dans le sable, l'œil toujours fixé sur les deux amis, attendant le réveil de ceux qui ne devaient plus s'éveiller ici-bas.

CHAPITRE XXXII

CONCLUSION

Voilà, nous dit Ben-Ahmed en finissant, voilà l'histoire du puits de la Bénédiction telle qu'on la conte à chaque caravane qui passe ici ; c'est une histoire vraie, il y a des témoins qui vivent encore.

Parmi vous, n'est-il personne qui connaisse le fils de Mansour? A mon dernier passage à Djeddah, on me l'a montré. C'est un vieillard maigre et jaune qui a une longue barbe blanche, la figure brûlée, les yeux éteints : sa fortune, dit-on, dépasse celle même du sultan ; les riches, qui ont besoin de lui, l'entourent et le flattent, le pauvre le méprise, et plus d'un mendiant lui a rejeté son aumône à la face en l'appelant Caïn.

Ce mépris, dit-on, lui fait moins de mal que les flatteries. Sa parole est amère ; il est cruel et violent. Ses femmes ne l'aiment pas, ses esclaves le trompent ; la haine l'entoure comme l'air qu'il respire. Personne ne l'a entendu se plaindre, l'orgueil le soutient, mais on dit qu'il ne dort pas et qu'il passe toutes les nuits à fumer du bang ou de l'opium. Il a le dégoût de la vie et l'horreur de la mort.

« Que je trouve cette tête de chien au bout de mon fusil, s'écria un jeune chamelier, je lui ferai son affaire.

— Tais-toi, enfant, dit un vieux conducteur ; Omar est un musulman, et tu n'es pas un Beni-Ameur ; tu n'as pas de droit sur lui. Dieu fait bien ce qu'il fait ; sais-tu si la vie de cet homme n'est pas pour lui le plus cruel des châtiments ?

— Qu'il soit maudit le fratricide ! » s'écria Ben-Ahmed. Et chacun de nous répéta à haute voix : « Qu'il soit maudit !

— Pour moi, dit le vieux chamelier, je me souviens d'avoir vu ici la mère d'Abdallah. Quand elle avait abreuvé nos chameaux, elle nous montrait avec orgueil un petit coin de terre entouré d'un cercle de pierres qui éloignait les chacals. C'est là que ses enfants attendaient le jugement. Toute l'année il y avait des fleurs. De gros bouquets de jasmin, passés dans des fils de dattier, pendaient en festons autour du tombeau. Aujourd'hui le jardin appartient à de nouveaux maîtres, la tombe a disparu, et du fils de Youssouf rien ne reste plus que le nom. Pauvre Halima! je l'entends encore quand elle nous contait comment on avait retrouvé dans les sables Abdallah et Cafour si étroitement embrassés qu'il avait fallu les mettre ensemble dans un même cercueil. Chose étrange! les bêtes de proie avaient dévoré le cheval, et pas un oiseau du ciel ne s'était posé de jour sur le corps d'Abdallah, pas un chacal n'avait touché de nuit au corps de Cafour.

« Ainsi meurt le juste, continua le vieillard; ce sont toujours les nobles âmes qui partent les premières. Dieu leur épargne les misères de la vie et les épreuves du mal. Les meilleurs fruits tombent d'abord; les mauvais restent sur l'arbre et se dessèchent sans mûrir, pour être jetés au feu avec le bois mort. »

Au milieu de ces causeries, l'aube du jour vint nous surprendre; il fallait partir. On tira les piquets, on roula les cordages, on plia les tentes, mais tout en travaillant chacun de nous pensait au Bédouin. Nul de nous ne l'avait connu, et pourtant nous le regrettions tous comme un frère. Quand la caravane fut en ligne, le vieux chamelier donna le signal du départ : mais avant de se mettre en route il voulut dire un *fattah* en l'honneur du fils de Youssouf ; chacun de nous l'imita, chacun de nous s'éloigna en silence, plein de respect et d'admiration pour cet homme dont le tombeau même était effacé.

« Celui-là, dit le vieillard, était Abdallah le bien nommé[1], c'était vraiment le serviteur de Dieu. »

[1] *Abdallah* veut dire serviteur de Dieu.

CHAPITRE XXXIII

ÉPILOGUE

Ici termine cette trop longue histoire le pauvre esclave de Dieu, toujours résigné (il l'espère) à la volonté divine, Mohammed, fils d'Haddad, de la noble tribu des Beni-Malik. Plaire aux délicats, Mohammed n'y compte guère ; il laisse cette gloire aux enfileurs de perles et aux ciseleurs du Caire et de Téhéran. S'il a fait sourire ceux qui pleurent et pleurer un instant ceux qui rient, le conteur est satisfait ; que Dieu lui pardonne sa folie ! Devant Celui pour qui toute notre science n'est que vanité, peut-être au jour du jugement y aura-t-il plus d'indulgence pour la fable qui console que pour la vérité qui dessèche et qui tue. A cette heure terrible où chacun répondra de ses paroles, puissent les chimères d'un rêveur

ne pas emporter le plateau de la balance; c'est
là l'espoir et la prière du fils d'Haddad!

Que si quelque méchant se blesse de ce récit
et s'en fait l'application, qu'il le mange avec son
pain; le conteur ne s'en trouble ni ne s'en soucie; il ne parle pas pour les fils de Pharaon.
Mohammed est vieux, il a fait son choix. Depuis
qu'il est sur la terre, il a vu réussir plus d'un
Omar, il a vu disparaître avant l'âge plus d'un
Abdallah; son âme n'en est point ébranlée; c'est
en Dieu qu'il se fie. C'est Dieu qui mêle l'amertume aux joies de l'égoïste, c'est Dieu qui coule
une douceur secrète dans la souffrance des cœurs
aimants. C'est Dieu qui glorifie la défaite du
juste, et qui déshonore le triomphe de l'impie.
C'est lui qui donne la paix. Il est le Maître de
la vie et de la mort! Il est l'Eternel! le Sage! le
Fort! le Clément! le Miséricordieux! l'Unique!

Gloire a Dieu!

AZIZ ET AZIZA

INTRODUCTION

On ne connaît guère en France que *les Mille et une Nuits* de Galland ; on croit en général qu'il existe sous ce nom un recueil de contes orientaux, toujours le même, quelque chose qu'on peut noter et chiffrer comme les fables de la Fontaine. La vérité est qu'il y a plusieurs recueils qui portent le titre de Mille et une Nuits. C'est toujours le même sultan féroce et crédule, c'est toujours l'aimable Schérazade ; mais si le cadre ne change point, les tableaux varient, les contes sont différents. On dit même que Galland a rapporté d'Orient un manuscrit médiocre et que d'autres collections valent mieux que la sienne. Je n'oserais décider cette grosse question. Aladin et Ali-Baba, qui ont séduit ma jeunesse, et qui en ont amusé bien d'autres que moi, ne se trouvent pas dans certaines recensions arabes. Peu importe où Galland a pris ces deux perles orientales, c'en est assez pour prouver qu'il n'a pas toujours eu la main malheureuse. Mais d'ailleurs à quoi bon ces comparaisons! Pourquoi choisir? Il y a plusieurs textes; tant mieux. Si nous ne sommes pas aussi farouches que le sultan, nous ne sommes pas moins curieux. Pour ma part, je suis prêt à écouter durant deux mille nuits, si les contes en valent la peine. Qui donc veut en finir avec l'illusion?

Un savant anglais, M. Edward William Lane, a rapporté d'Égypte et traduit depuis plus de quinze ans un manuscrit des *Mille et une Nuits*. Dans ce recueil, il y a un épisode, si gracieux et si vrai, que je n'ai pu résister au plaisir de le mettre en français. *Aziz et Aziza*, tel est le titre de ce conte, qui à vrai dire n'en est pas un. Ce n'est pas là un de ces produits merveilleux d'une imagination en délire qui charment les Indiens et les Persans, auteurs ordinaires des contes orientaux. Non, c'est un petit roman arabe, qui nous peint la vie de simples musulmans. Il n'y a là ni afrites, ni djines, ni goules, c'est tout bonnement une histoire d'amour : mais elle est contée avec tant de vérité et de poésie que j'oserai mettre ce morceau à côté de ce que les littératures d'Occident ont produit de plus fin et de plus délicat.

Pour bien sentir le mérite de ce roman, il faut, je l'avoue, avoir quelque connaissance des mœurs orientales et ne pas trop s'effrayer de leur étrangeté. Aziz, le héros, qui se plaint que l'amour et l'inquiétude *lui font perdre sa beauté*, et qui plus tard nous peint son bonheur en nous disant qu'il vivait sans soucis, et qu'*il devenait gros et gras*, est sans doute un personnage qui révolte notre délicatesse. Nos amoureux engraissent quelquefois quand ils sont heureux, mais ils ne s'en vantent pas. La façon leste dont Fatma se marie et se démarie a une saveur trop orientale pour notre goût, j'en dirai autant des fureurs de la sultane ; mais que la figure d'Aziza est touchante et vraie ! Combien la grossièreté de ceux qui l'entourent n'en fait-elle pas ressortir la finesse et la beauté ? Qui se serait attendu à trouver une âme si tendre et si noble chez une musulmane, dans un pays où règne la polygamie, où, suivant nous, la femme n'est guère plus qu'une esclave ? Ce petit roman renverse toutes les idées reçues sur les femmes d'Orient. Et la sultane elle-même, quel talent n'a-t-il pas fallu pour la rendre intéressante en lui faisant jouer un rôle odieux ? Celui qui étudiera de près cette œuvre d'un romancier inconnu y trouvera un art infini caché sous une apparente simplicité.

Cette simplicité toutefois n'est pas celle que nous supposons. Pour faire recevoir par nos pères ces contes d'Orient, Galland a pris le style de Perrault ; je ne lui reproche pas sa naïveté et sa bonhomie ; peut-être leur doit-il la popularité de son livre, mais il faut avouer cependant qu'il a traité les *Mille et une Nuits* comme Amyot a traité Plutarque. Sa traduction est agréable, mais c'est une aimable infidèle, elle ne rend pas du tout le ton de l'original.

Sans parler des métaphores qu'on ne peut pas traduire, parce que leur hardiesse et leur étrangeté révoltent la timidité ou la pureté de notre goût, les contes des *Mille et une Nuits* sont écrits avec une élégance raffinée ; ils sont mêlés de prose et de vers. Galland supprime les vers et adoucit la prose ; c'est changer tout le caractère de cette littérature, qui, dans sa recherche même, ne manque pas de grâce; on en peut juger par la traduction que M. Casimirski a donnée de *la Belle Persane*. D'une sultane d'Orient peinte et musquée, Galland fait une bonne paysanne qui récite à ses nourrissons les *Contes de ma mère l'Oie*; M. Lane n'est pas tombé dans cet excès. En restant fidèle au texte, il nous a gardé ce parfum d'Orient, que peut-être on n'eût pas supporté au siècle de Galland, mais qu'on accepte volontiers, et que même on recherche dans le nôtre. J'ai suivi M. Lane d'aussi près que j'ai pu, et j'espère qu'on ne lira pas sans plaisir ce petit chef-d'œuvre d'un conteur oublié.

Glatigny-Versailles, 20 septembre 1868.

AZIZ ET AZIZA

Il y avait quatre jours que le fils du roi de la Cité verte, le prince Taj-el-Molouk, était en chasse, lorsqu'un matin il aperçut une longue caravane escortée d'esclaves blancs et noirs. La caravane s'arrêta dans une clairière, au bord d'une eau vive, ombragée de grands arbres; aussitôt on se mit à décharger les chameaux et à dresser les tentes.

« Cours à ces voyageurs, dit le prince à un de ses compagnons; demande-leur qui ils sont, et pourquoi ils campent à cette place. »

Le messager arriva, les étrangers lui répondirent: « Nous sommes des marchands; nous nous arrêtons ici pour nous reposer, parce que la première station est fort éloignée ; et nous avons choisi cet endroit, parce que nous y sommes sous la protection du roi Suleiman et de son fils. Quiconque entre dans les domaines du roi de la Cité verte y jouit d'une paix assurée. Aussi, en gage de notre respect et de notre reconnaissance, avons-nous apporté des étoffes précieuses pour les offrir au prince Taj-el-Molouk. »

Quand le fils du roi Suleiman connut la réponse des marchands, il dit : « Puisque l'on m'apporte des présents, je ne rentrerai pas dans la Cité, et je ne quitterai point cette place qu'on ne les ait déployés devant moi. » Sur quoi il monta à cheval, suivi de ses gardes et de ses esclaves, et il se dirigea vers la caravane. A son approche les marchands se levèrent, et le saluèrent en priant Allah d'ajouter à la gloire et aux perfections du jeune prince.

On dressa devant Taj-el-Molouk une tente de satin cramoisi, brodée de perles et de pierreries, et sur un tapis de soie on étendit un tapis royal dont le haut bout était orné d'émeraudes. Le prince s'assit, ses gardes et ses esclaves se rangèrent autour de lui, et il commanda aux marchands de lui montrer toutes leurs richesses. Ils étalèrent devant lui leurs marchandises. Taj-el-Molouk choisit ce qui lui plaisait et leur en fit aussitôt compter le prix.

Remonté à cheval et près de partir, il aperçut à quelque distance un jeune homme, un beau jeune homme, élégant de sa personne et proprement vêtu, mais pâle, défait, accablé. Taj-el-Molouk s'approcha de l'étranger et le regarda avec étonnement. Tout entier à sa douleur, le jeune homme ne voyait personne; de grosses larmes lui coulaient le long des joues, tandis qu'il récitait les vers suivants :

> Elle a fui dans l'ombre éternelle,
> Emportant mon âme avec elle,
> Et ne m'a laissé que des pleurs.
> Je ne suis plus qu'un corps sans âme,
> Un flambeau dont s'éteint la flamme.
> Je languis, je souffre, je meurs.

Après ces mots, il se remit à pleurer et s'évanouit. Quand il revint à lui, ses yeux étaient hagards, et il s'écria :

> N'approche pas de cette femme,
> Demain, si son regard t'enflamme
> Tu pourras envier les morts;

Sa tendresse n'est qu'un mensonge,
Et quand s'évanouit le songe,
Il ne reste que le remords.

En achevant ces vers, il poussa un long soupir et s'évanouit une seconde fois. Ému de pitié, Taj-el-Molouk fit un pas vers l'étranger ; mais le jeune homme reprit ses sens, et reconnaissant le prince, il se leva, et baisa la terre devant le fils du roi Suleiman.

« Pourquoi ne m'as-tu pas montré tes marchandises ? lui dit Taj-el-Molouk.

— O mon Seigneur, répondit le jeune homme, je n'ai rien qui soit digne de ta grandeur.

— Il n'importe, dit le prince. Fais-moi voir ce que tu possèdes et dis-moi qui tu es. Je te vois en larmes et le cœur affligé. Si l'on te fait souffrir, je ferai cesser ta souffrance ; si tu es dans la détresse, je payerai tes dettes, car depuis que je t'ai vu, mon âme est troublée à cause de toi. »

Taj-el-Molouk fit un signe à ses esclaves. Aussitôt on lui apporta un siége d'ivoire et d'ébène, orné de tresses de soie et d'or, et on étendit devant lui un tapis de soie. Le prince s'assit et ordonna à l'étranger de se mettre sur le tapis, puis il lui dit : « Montre-moi tes marchandises. »

Le jeune homme voulut encore une fois s'excuser; mais, sur l'ordre de Taj-el-Molouk, les esclaves allèrent chercher tous les ballots du marchand. Il eut beau pleurer, soupirer, sangloter, force lui fut d'étaler toutes ses marchandises devant le prince, ballot par ballot, pièce par pièce. Il déployait une robe de satin brodé, qui valait au moins deux mille pièces d'or, quand des plis de l'étoffe tomba un mouchoir. Le jeune homme s'en saisit et le cacha sous son genou. La raison lui échappa, et il s'écria en gémissant :

> Viens-tu terminer ma souffrance ?
> As-tu donc pitié de mon sort ?
> Peux-tu me rendre l'espérance,
> Ou viens-tu me donner la mort ?

Surpris de ces paroles, dont le sens lui échappait, Taj-el-Molouk dit au marchand : « Qu'est-ce que ce mouchoir ?

— O mon Seigneur, répondit le jeune homme, pardonne-moi. Si je ne voulais pas déployer devant toi mes marchandises, c'était pour te cacher ce triste objet. Tu ne peux pas, tu ne dois pas le voir. »

Ce langage blessa le prince.

« Ta conduite, dit-il au marchand, n'est pas

convenable. Je veux voir cette pièce de toile, je veux savoir pourquoi tu pleures en la voyant.

— O mon Seigneur, dit le jeune homme, mon histoire est étrange, et ce mouchoir y tient une grande place ainsi que celle qui en a dessiné les figures et brodé les emblèmes. »

Disant cela, il déplia le mouchoir. On y avai brodé en soie deux gazelles qui se regardaient. L'une était brochée de fils d'or; l'autre était brodée en fils d'argent, et elle avait au cou un collier d'or rouge, avec trois chrysolithes.

Quand Taj-el-Molouk vit ce chef-d'œuvre :

« Louange à Dieu ! s'écria-t-il, qui a enseigné à l'homme ce que l'homme ne savait pas. »

Et son cœur brûla du désir d'entendre l'histoire de l'étranger.

« Conte-moi ta vie, lui dit-il, parle-moi de celle qui a brodé ces deux gazelles. »

Le jeune marchand commença en ces termes :

Sache donc, ô mon Seigneur, que mon père était un riche marchand, et n'avait pas d'autre enfant que moi. Un frère, mort de bonne heure, lui avait confié sa fille unique en lui faisant promettre de la marier avec moi. Je fus donc élevé dans la maison paternelle avec ma cousine, et en grandissant on ne nous sépara point, car nous étions destinés l'un à l'autre.

Un jour enfin mon père dit à ma mère : « Cette année nous ferons le mariage d'Aziz et d'Aziza. » Et ma mère ayant approuvé cet avis, on commença à rassembler des provisions pour cette fête.

Cela se passait tandis que ma cousine et moi, nous vivions sans contrainte, et sans songer qu'on s'occupât de nous ; mais je crois que ma cousine était plus intelligente et en savait plus long que moi.

Quand tout fut préparé, et qu'il ne resta plus rien à faire que le contrat et la noce, mon père proposa de signer l'acte après les prières du vendredi; et il alla visiter ses amis, marchands et autres, tandis que de son côté ma mère invitait ses amies et les femmes de la famille. Le vendredi venu, on lava le salon qu'on avait disposé pour recevoir les invités; on nettoya le marbre du pavé; on étendit des tapis par terre ; on garnit les murs d'étoffes de soie, brodées d'or. Mon père alla commander pour le soir des gâteaux et des sucreries. Il ne restait plus qu'à passer le contrat. Ma mère m'envoya au bain, et y fit porter des vêtements neufs d'une richesse admirable. Au sortir du bain, je mis ces beaux habits tout parfumés; une odeur suave en sortait et se répandait tout le long du chemin.

Je voulus me rendre à la mosquée, mais je me rappelai le nom d'un ami qu'on avait oublié d'inviter à la soirée ; je pensai que j'avais le temps de le prévenir, avant que sonnât l'heure de la prière. J'entrai dans une rue par où je n'avais jamais passé. Il faisait chaud, le bain m'avait fatigué, j'étais en nage ; aussi, apercevant un banc de pierre, j'y étendis mon mouchoir et je me reposai un instant. De grosses gouttes de sueur me coulaient du front sur les joues, je n'avais rien pour m'essuyer, et j'allais prendre un pan de ma robe pour sécher ma peau moite et brûlante, quand un mouchoir blanc tomba devant moi.

Je levai la tête; mes yeux rencontrèrent ceux d'une femme qui me regardait au travers d'une fenêtre grillée dont le treillis était entr'ouvert. Qu'elle était belle! Jamais je n'avais vu visage plus charmant. Je me levai ; l'inconnue mit un doigt sur sa bouche, puis elle posa sur sa poitrine l'index et le doigt du milieu, et tout à coup elle se retira de la fenêtre et ferma le treillis.

Le feu était entré dans mon cœur ; j'étais là, ne pouvant quitter la place, soupirant, inquiet, cherchant à comprendre ces signes mystérieux. Vingt fois je regardai la fenêtre, elle était muette ; je restai jusqu'au coucher du soleil, épiant toujours, mais n'entendant aucun bruit et ne voyant personne. Las enfin et désespéré, je me résignai à partir ; je pris le mouchoir, je l'ouvris ; il en sortit une odeur de musc qui me transporta au paradis. En même temps j'y trouvai une petite lettre parfumée, qui contenait les vers suivants :

> Mon bien-aimé ne pourra lire
> Ces mots, dictés par la douleur ;
> Et cependant, je puis le dire,
> Ma main tremble moins que mon cœur.

Je repris le mouchoir, j'en admirai le travail, et aux deux bouts je lus des vers amoureux qu'on avait brodés avec une finesse admirable.

Ces vers, cette lettre ajoutèrent à mes angoisses et à mon désir. D'un pas chancelant, je regagnai le chemin du logis ; mon esprit était troublé, je ne savais que faire pour retrouver cette femme qui m'avait pris le cœur.

Il était plus de minuit, quand je rentrai à la maison. Ma cousine était là, qui m'attendait en pleurant. Mais dès qu'elle m'aperçut, elle essuya ses larmes, courut à moi, et m'ôta mon cafetan. Elle me dit que les grands personnages de la ville, les marchands, les amis s'étaient rendus à la fête du jour, que le cadi était venu avec les témoins, qu'on avait dîné, qu'on m'avait longtemps attendu pour célébrer le mariage, et qu'enfin, de guerre lasse, tout le monde était parti. Elle ajouta que mon père était entré dans une grande colère; il avait juré de ne pas nous marier avant un an, parce qu'il avait dépensé une grosse somme d'argent pour ces préparatifs, qui n'avaient servi à rien.

« Que t'est-il donc arrivé aujourd'hui, continua-t-elle, et pourquoi reviens-tu si tard? »

J'étais fou d'amour, je lui dis tout; je lui contai comment une main inconnue m'avait jeté un mouchoir, comment on m'avait fait des signes mystérieux, comment j'étais resté tout le jour dans le trouble et l'inquiétude. Enfin je lui remis le mouchoir et la lettre en lui disant : « Voilà mon histoire; viens à mon secours, tire-moi de la peine où je suis. »

Ma cousine lut les vers, et, tandis qu'elle lisait, de grosses larmes lui coulaient le long des joues. Puis elle me dit, en levant les yeux sur moi :

« O fils de mon oncle, si tu me demandais un de mes yeux; je l'arracherais de mon visage pour te le donner. Oui, je t'aiderai à remplir ton désir, et je l'aiderai aussi, car l'amour l'accable autant que toi.

— Et tu m'expliqueras, lui dis-je, les signes qu'elle m'a faits.

— Oui, répondit Aziza. Le doigt placé sur la bouche signifie que tu es pour elle ce que l'âme est pour le corps, et qu'elle soupire après son union avec toi. Le mouchoir est le salut que l'amante envoie au bien-aimé; la lettre indique que tu as captivé son cœur, et quant aux deux doigts posés sur la poitrine, c'est une façon de te dire : « Reviens dans deux jours, afin que ta présence dissipe mon affliction.

« O fils de mon oncle, continua-t-elle, sache bien qu'elle t'aime et qu'elle a confiance en toi. Voilà ce que veulent dire tous ces signes. Si j'étais libre d'aller et de venir, je vous aurais bientôt unis tous les deux. »

Quand j'entendis ces douces paroles qui me rendaient l'espérance, je remerciai ma cousine, et je dis en moi-même : J'attendrai deux jours! Je passai tout ce temps à la maison, sans bouger, sans manger, sans boire. Assis à terre, la tête sur les genoux d'Aziza, elle me ranimait par ses discours, en me répétant : « Bon courage! va la trouver à l'heure indiquée. »

Quand le moment fut venu, elle m'apporta mes plus beaux habits, et me parfuma avec de l'encens.

Je partis le cœur tremblant, et j'arrivai au rendez-vous.

Il y avait déjà quelque temps que j'étais assis sur le banc de pierre, quand le treillis s'entr'ouvrit. Je regardai l'inconnue, un nuage passa devant mes yeux. Revenu à moi, je rassemblai toutes mes forces, et je levai les yeux une seconde fois, mais une seconde fois je fus près de m'évanouir.

Quand je repris mes sens, je la vis qui tenait à la main un miroir et un mouchoir rouge. Elle releva ses manches jusqu'au coude, ouvrit ses cinq doigts et s'en frappa la poitrine, puis elle leva les mains, et agita le miroir. Après quoi elle disparut un instant, revint avec le mouchoir rouge, le secoua trois fois hors de sa fenêtre, le tordit et le détordit. Je la suivais des yeux, essayant de deviner ce langage muet, quand elle ferma le treillis. Tout rentra dans le silence. En vain j'attendis jusqu'au soir, personne ne vint à mon secours ; une fois encore il me fallut regagner la maison, confus, désespéré.

La nuit était avancée, lorsque je rentrai au logis. Je trouvai ma cousine, la tête cachée dans ses deux mains, et tout en larmes. Cette vue ajouta à ma douleur, je me jetai dans un coin de la chambre en sanglotant. Aziza courut à moi, elle me releva, elle essuya ma figure avec la manche de sa robe, et me demanda ce qui m'était arrivé.

« O fils de mon oncle, rassure-toi, me dit-elle. Les cinq doigts posés sur sa poitrine signifient : « Reviens ici dans cinq jours. » Le miroir et le mouchoir veulent dire : « Assois-toi dans la boutique du teinturier, jusqu'à ce que mon message vienne te trouver. »

A ces mots, le feu brûla dans mon cœur. « Par Allah ! m'écriai-je, tu dis vrai, car j'ai vu dans la ruelle un teinturier juif. »

Disant cela, je me mis à pleurer. Et ma cousine reprit : « Du courage ! il y en a d'autres que toi qui souffrent de l'amour. Contre cette terrible passion il leur faut lutter de longues années, et toi, tu n'as pas une semaine à attendre. Faut-il donc te laisser vaincre par l'impatience? »

Elle essaya de m'égayer par sa conversation, et me servit à souper. Je pris un peu de vin et j'essayai de manger, mais je ne pus pas achever. Durant ces cinq jours, je ne pris rien; je ne dormais pas, j'étais pâle, mes traits changeaient, je perdais toute ma beauté. Hélas! je n'avais jamais connu l'amour, ni sa flamme dévorante! Je tombai malade; ma cousine, qui me voyait souffrir, n'était guère moins malade que moi. Pour me ranimer, elle me contait des histoires d'amour, et quelquefois elle réussissait à me calmer et à m'endormir. Mais en m'éveillant, je la voyais qui ne dormait pas, et tout en larmes.

Cinq jours se passèrent ainsi. Le dernier jour ma cousine me fit chauffer un bain, prit soin de ma toilette, et me dit : « Va maintenant, et puisse Allah t'accorder ce que tu désires! »

En arrivant dans la ruelle, je trouvai que la boutique du juif était fermée; c'était un samedi. Je m'assis en attendant la prière de l'après-midi. Le soleil déclina, on chanta l'appel à la prière du soir, la nuit vint, je ne vis personne et je ne reçus aucun message. La peur me prit, je revins à la maison, chancelant comme un homme ivre, et ne voyant plus devant moi.

En rentrant au logis, je vis ma cousine, la tête appuyée contre le mur, elle sanglotait et murmurait des vers. Quand elle eut fini, elle se retourna, s'essuya les yeux avec la manche de sa robe, et le sourire sur les lèvres, elle me dit : « O fils de mon oncle, Allah soit avec toi ! Pourquoi ce soir n'es-tu pas resté près de ta bien-aimée? «

Quand j'entendis ces mots, la colère me monta à la tête. D'un coup de pied dans le ventre je jetai Aziza par terre. En tombant elle se blessa au front; le sang jaillit; mais elle ne poussa pas un cri, ne dit pas un mot. Elle se releva, fit roussir quelques chiffons qu'elle mit sur la plaie, se noua un bandeau autour de la tête; puis elle lava le sang qui était tombé sur le tapis, et il sembla que rien ne fût arrivé.

Alors elle vint à moi, toujours souriante, et me dit de la voix la plus douce : « Par Allah! fils de mon oncle, je ne ne voulais ni me moquer de toi, ni me moquer d'elle. Un mal de tête me troublait l'esprit; mais à présent que je n'ai plus mal ni à la tête ni au front, dis-moi ce qui t'est arrivé aujourd'hui. »

Je lui contai tout et me mis à pleurer ; elle me dit : « Réjouis-toi ; tout annonce le succès de ton désir, et l'accomplissement de tes espérances. Elle a voulu t'éprouver, et savoir si tu étais patient ou non, sincère ou non dans ton amour. Demain, retourne à ton ancienne place, vois quel signe elle te fera. Ton bonheur approche, ton chagrin va se dissiper. »

Ces paroles et beaucoup d'autres qu'elle ajouta, ne parvenaient pas à me consoler. Elle me servit un repas, et plaça les plats devant moi ; mais d'un coup de pied je les jetai en l'air ; tout ce qu'ils contenaient fut renversé. Et je m'écriai : « Vraiment celui qui aime est insensé, il n'a de goût ni pour manger, ni pour dormir !

— Par Allah, dit Aziza, voilà bien les symptômes de l'amour ! »

Ses larmes coulèrent ; elle ramassa les plats en morceaux, balaya le tapis, et revint s'asseoir auprès de moi, essayant toujours de m'amuser, tandis que je priais Dieu de hâter le retour du matin.

Au point du jour je courus à la ruelle, je

repris ma place sur le banc de pierre. La fenêtre s'ouvrit, l'inconnue allongea la tête en riant: Elle se retira et revint bientôt, apportant avec elle un miroir, un sac, une plante verte et une lampe. La première chose qu'elle fit fut de prendre le miroir et de le mettre dans le sac, puis elle noua le sac, et le jeta dans la chambre. Après cela elle ramena ses cheveux sur son visage, plaça la lampe au-dessus de la plante verte, et sans ajouter un mot, ferma la fenêtre et disparut. Tout ce mystère troublait de plus en plus mon esprit, et ne faisait qu'ajouter à la violence et à la folie de mon amour.

Quand je rentrai à la maison, je retrouvai ma cousine, la tête appuyée contre le mur. La jalousie lui dévorait le cœur, mais elle étouffait sa douleur pour ne songer qu'à la mienne. En la regardant de plus près, je vis qu'elle avait un double bandeau, l'un cachait la blessure du front, l'autre était placé sur un des yeux qui s'était enflammé à force de pleurer. La pauvre Aziza était dans un état misérable, elle sanglotait en récitant ces vers :

> Mon bien-aimé, Dieu te protége
> Contre le péril qui t'assiége

Alors que tu fuis loin de moi!
Hélas! que ne puis-je te suivre!
Loin de toi, je ne saurais vivre,
Mon cœur est toujours avec toi.

Quand ma cousine eut fini de réciter ces vers, elle se retourna et m'aperçut. Aussitôt elle essuya ses larmes et vint à moi ; mais elle était si accablée d'amour, qu'elle ne pouvait parler. Elle resta quelque temps muette, puis elle me dit : « O fils de mon oncle, conte-moi ce qu'elle t'a fait aujourd'hui. »

Je lui contai tout, elle me dit : « Encore un peu de patience ; ton espoir est comblé ; votre union approche. Le miroir mis dans le sac signifie : « Attends le coucher du soleil ; » les cheveux épars sur la figure, signifient : « Quand la nuit viendra et laissera tomber son ombre noire sur la lumière du jour, viens ici ; » la plante verte te dit d'entrer par le jardin qui est derrière la ruelle ; quant à la lampe, c'est comme si l'inconnue te disait : « Une fois entré dans le jardin, tu verras une lampe allumée ; reste là, et attends-moi, car ton amour me consume ! »

En entendant ces mots, la force de la passion me fit pleurer ; je dis à ma cousine : « Combien de fois m'as-tu fait de belles promesses ? Toutes les explications m'annoncent le bonheur, et cependant mon désir est toujours trompé. »

Aziza sourit, et me répondit : « Attends seulement jusqu'à la fin du jour ; quand la nuit ramènera ses ombres épaisses, tes vœux seront remplis. » Elle s'approcha de moi, me consola par de douces paroles, mais ne m'offrit pas à manger. Elle craignait de me fâcher, et ne cherchait qu'à me plaire. Mais je ne faisais pas attention à elle, et je répétais sans cesse : « O Allah ! précipite l'arrivée de la nuit. »

L'heure venue, ma cousine me donna un grain de musc en me disant : « O fils de mon oncle, mets ce grain de musc dans ta bouche, et quand tu auras vu ta bien-aimée, et qu'elle aura accepté tes vœux, récite lui ces vers :

> Écoute une voix qui tremble et t'implore,
> Que doit faire un cœur que l'amour dévore ?

Disant cela, Aziza m'embrassa et me fit jurer que je ne réciterais ces vers à l'inconnue qu'au moment de la quitter ; je lui répondis : « J'entends et j'obéis. »

A la nuit tombante, j'arrivai au jardin. La porte

était ouverte, j'entrai, je vis une lumière dans le lointain. En approchant, je trouvai une vaste salle, surmontée d'un dôme d'ivoire et d'ébène. La lampe était suspendue au milieu de la voûte; au-dessous, il y avait une bougie allumée, dans un grand flambeau. Le sol était garni de tapis de soie brodés d'or et d'argent. A côté d'une fontaine jaillissante était une table servie, recouverte d'une nappe de soie. Près de la table on avait placé une carafe de porcelaine, qui était remplie de vin, et une coupe de cristal, incrustée d'or. Enfin il y avait un beau service d'argenterie, dont tous les plats étaient couverts.

En les découvrant, j'y trouvai des fruits de toute espèce : figues, grenades, raisins, citrons, oranges, et les fleurs les plus variées : rose, jasmin, myrte, narcisse. L'air était embaumé de toutes ces senteurs.

En voyant combien ma cousine avait deviné juste, mes inquiétudes et mes peines s'envolèrent, j'étais ravi; mais, à ma grande surprise, dans ce charmant séjour je ne trouvai aucune des créatures de Dieu (que son nom soit exalté!), il n'y avait pas même un esclave. On eût dit d'un palais enchanté.

Je restai là, attendant la bien-aimée de mon cœur. La première heure de la nuit passa, puis la seconde, puis la troisième, personne ne vint. Impatient, mais non pas inquiet, je regardais autour de moi, et j'écoutais : tout était immobile et silencieux. La faim me prit. Depuis que j'étais amoureux, j'avais oublié de manger et de boire ; rassuré maintenant je me laissai tenter par cette table servie pour moi. J'ôtai la nappe de soie, je vis un plat de porcelaine sur lequel étaient des poulets assaisonnés avec des épices ; autour du plat étaient quatre assiettes. L'une contenait des confitures, l'autre de la gelée de grenades ; dans la troisième, il y avait un gâteau d'amandes, dans la quatrième, des gâteaux au miel. Je goûtai à l'un des gâteaux au miel, puis je pris une bouchée d'amandes, puis une cuillerée de confitures, suivie d'une seconde et d'une troisième. Enfin je mangeai un morceau de poulet, sans songer que mon estomac, fatigué par le jeûne, ne supporterait pas ce peu de nourriture. A peine avais-je lavé mes mains que je me sentis la tête lourde ; je me jetai sur un coussin, le sommeil me saisit ; je ne vis plus rien de ce qui se passait autour de moi.

Je ne sais combien d'heures je restai dans cet

état ; il y avait si longtemps que je ne dormais plus ; mais quand je m'éveillai, le soleil était brûlant. J'eus quelque peine à me reconnaître, et à rappeler mes idées. Il n'y avait plus ni table servie, ni tapis; j'étais couché par terre, sur un pavé de marbre. Enfin, chose étrange, sur ma poitrine il y avait du sel et du charbon. Je me levai, je secouai mes habits, je regardai à droite et à gauche; personne. Triste, humilié, honteux de moi-même, je repris, tête baissée, le chemin de la maison.

Ma cousine était là, qui se frappait la poitrine. Les larmes tombaient de ses yeux comme la pluie tombe des nuages; mais à mon approche elle se leva, et d'une voix tendre elle me dit : « O fils de mon oncle, Dieu a été miséricordieux pour toi, tu es aimé de celle que tu aimes, tandis que moi je pleure parce que je ne trouve pas grâce devant tes yeux ; mais que Dieu ne te punisse point à cause de moi! »

Elle me sourit alors, comme une femme qui souffre, elle me caressa, elle m'ôta mon cafetan, et l'étendit en disant : « Par Allah ! voici une odeur qui n'est pas celle de la chambre d'une dame. Que t'est-il donc arrivé ? »

Je lui contai ma mésaventure; elle me sourit une seconde fois, comme une femme qui souffre, et dit : « Vraiment mon cœur déborde ! Mais puisse mourir celle qui t'afflige ! Cette femme est exigeante et capricieuse ; par Allah ! elle me fait peur pour toi. En mettant ce sel sur ta poitrine, l'inconnue te dit : « Tu es noyé dans le sommeil, et tu me parais insipide, mon âme te rejette avec dégoût. Tu crois aimer, mais le sommeil est interdit à ceux qui aiment ; tu ne mérites pas le nom d'amant. » Telle est la prétention de cette femme, mais son amour est faux. Si elle avait eu pour toi quelque tendresse, elle t'aurait éveillé.

« Quant au charbon, il signifie : « Puisse Dieu te noircir la face, parce que tu as menti en disant que tu savais aimer ; tu n'es qu'un enfant qui ne penses qu'à manger, à boire et à dormir. » Voilà le sens de ces deux choses ; puisse Allah ! (dont le nom soit exalté !) te délivrer de cette créature. »

En entendant ces mots, je me frappai la poitrine et je m'écriai : « Par Allah ! c'est la vérité ! J'ai dormi, les amoureux ne dorment pas ; c'est moi qui suis coupable. C'est moi qui ai eu la sottise de manger et de dormir. Que faire à présent ! »

Je me mis à pleurer, et je dis à ma cousine :
« Conseille-moi, aie pitié de moi ; Dieu aura pitié
de toi. Si tu m'abandonnes, je mourrai. »

Aziza, qui m'aimait, me répondit : « Sur ma
tête et sur mes yeux ! ô fils de mon oncle, que ne
ferais-je pas pour te plaire ! Si Dieu le permet, je
vous unirai tous les deux. Écoute donc mon conseil. Quand la nuit viendra, retourne au jardin,
entre dans cette salle, mais garde-toi de manger,
car manger fait dormir. Tiens-toi éveillé ; elle ne
viendra pas avant qu'une partie de la nuit soit
écoulée. Dieu te garde de la méchanceté de cette
femme ! »

Ces mots me rendirent le courage, je priai Dieu
de hâter la nuit, et dès que le jour tomba je voulus partir. Ma cousine me dit : « Si tu la trouves,
n'oublie pas, avant de la quitter, de lui réciter les
deux vers que je t'ai appris. » Je répondis : « Je
te le promets, sur la tête et sur les yeux ; » et je
courus au jardin.

La salle était préparée comme la veille ; fontaine,
fruits, fleurs, senteurs enivrantes, table dressée,
rien n'y manquait. J'attendis longtemps, la nuit
avançait, j'étais las de ma solitude. Le sang me
brûlait dans les veines, la soif me dévorait ; il y

avait là une carafe d'eau de riz, mêlée de miel et de safran, j'en bus une gorgée, puis une seconde. Bientôt après, par ennui, par désœuvrement, je goûtai aux confitures et aux pâtisseries ; la faim me prit, je mangeai. Ma tête devint lourde, mes yeux se fermaient, je m'appuyai sur un coussin en disant : « Je ne dormirai pas, » mais le sommeil fut le plus fort.

Lorsque je m'éveillai, le soleil était déjà levé. Une seconde fois j'étais couché sur le carreau d'une chambre démeublée, et je trouvai sur ma poitrine un osselet, un noyau de datte, et une graine de caroubier.

Je me levai, jetant au vent ces misérables emblèmes, je courus à la maison, comme un furieux. Dès que j'aperçus Aziza, je l'accablai de reproches et d'injures ; je la fis pleurer. Au milieu de ses larmes elle s'approcha de moi, elle m'embrassa, et me pressa sur son cœur, mais je me détachai de ses bras, et je me mis à maudire ma sottise et ma folie.

« O fils de mon oncle, dit ma cousine, il me semble que tu as encore dormi cette nuit.

— Oui, répondis-je, mais en me réveillant j'ai trouvé qu'on avait mis sur moi un osselet, un noyau de datte, et une graine de caroubier. Pourquoi cela ? »

Et je sanglotai, et je dis à Aziza : « Dis-moi pourquoi elle m'a traité de la sorte, viens à mon secours, dans le trouble où je suis.

— Sur ma tête et sur mes yeux ! répondit-elle, l'osselet veut dire que tu es venu là, comme un enfant qui joue. Ton cœur n'était pas là. Ce n'est pas ainsi qu'on aime ; tu n'es pas un amant sérieux. Le noyau de datte signifie que si tu avais aimé, l'amour aurait brûlé dans ton âme, comme la datte dans le brasier, et tu n'aurais pas dormi. Enfin la graine du caroubier veut dire : « tout est fini. Endure la séparation avec autant de patience que Job endura sa misère. »

A ces paroles, le feu se ralluma dans mon cœur, je gémis, je m'écriai : « Dieu avait décidé que je dormirais pour mon malheur. » Et je dis à Aziza : « O fille de mon oncle, si tu veux que je vive, invente quelque stratagème qui me permette de la revoir.

— Aziz, me répondit-elle, j'ai le cœur gros, je ne puis parler. Retourne ce soir au jardin, et garde-toi de dormir ; tu obtiendras l'objet de tes désirs. Voilà mon conseil ; que la paix soit avec toi !

— S'il plaît à Dieu, lui dis-je, je ne dormirai pas, et je suivrai tes avis. »

Ma cousine se leva, et me servit à dîner, en me disant : « Mange maintenant, pour ne plus être tenté par la faim, cette nuit. » Je lui obéis. Quand vint le soir, Aziza m'apporta mes plus beaux habits, m'en revêtit, me rappela les deux vers que je devais réciter à la dame, et me recommanda vivement de pas dormir.

Je retrouvai tout en place ; j'attendis comme les deux autres nuits. Pour ne pas m'endormir, je secouais la tête, je relevais mes paupières avec mes doigts, je me promettais de ne pas manger. Mais l'impatience et le désir me desséchant la gorge, je pris la carafe où était le vin, et je dis : « Je n'en boirai qu'un verre. » Par malheur le vin me monta à la tête et me fit tout oublier ; je mangeai et je bus avec une ardeur fiévreuse. Au dixième verre je tombai foudroyé.

En revenant à moi, au point du jour, je me trouvai dans la rue ; on avait mis sur ma poitrine un poids en fer et un large couteau. La peur me saisit, je pris ces deux objets et je me hâtai de regagner la maison.

A peine entré, je tombai évanoui aux pieds

d'Aziza ; le poids et le couteau s'échappèrent de mes mains. Aussitôt qu'à force de soins elle m'eut rappelé à la vie, je lui demandai ce que signifiaient ces deux emblèmes menaçants.

« Cette petite boule de fer, me dit-elle, c'est l'œil noir de cette femme. Ce couteau veut dire qu'elle a juré par le Seigneur de toutes les créatures et par son œil droit, que si tu revenais dans son jardin pour y dormir, elle te tuerait avec ce poignard.

— O fils de mon oncle, ajouta-t-elle, je crains pour toi la malice de cette femme, mon cœur est plein d'inquiétude et je ne puis parler ! Si tu es assez sûr de toi pour ne pas dormir, retourne dans ce jardin, tu obtiendras ce que tu désires, mais sache bien que si tu t'endors, elle t'égorgera.

— O fille de mon oncle, m'écriai-je, que dois-je faire ? Tire-moi de cette affliction, je t'en conjure, au nom de Dieu !

— Sur ma tête et sur mes yeux, répondit-elle, si tu veux suivre mon conseil tu atteindras l'objet de tes vœux.

— Tout ce que tu voudras, je le ferai, m'écriai-je. »

Elle me pressa sur son cœur, me fit coucher sur le divan, et passa doucement ses mains sur mon corps fatigué jusqu'à ce que je m'endormisse. Puis elle prit un éventail, s'assit à la tête du lit, et m'éventa jusqu'au soir. A la tombée du jour elle m'éveilla. Je la vois encore tenant dans ses mains l'éventail; elle avait tant pleuré que sa robe était toute mouillée de ses larmes.

Dès que j'ouvris les yeux, elle prit un air souriant et m'apporta des aliments. Je ne voulais pas manger, mais elle me dit : « Ne sais-tu pas qu'il faut m'obéir? Mange donc. » Elle me mit elle-même les morceaux dans la bouche, je me laissais faire. Puis elle me fit boire une infusion de jujubes et de sucre, me lava les mains, les essuya, et me parfuma avec de l'eau de rose. Jamais je ne m'étais senti mieux portant et plus dispos.

Au moment où je partais, elle me dit : « O fils de mon oncle, veille toute la nuit, ne dors pas. Elle ne viendra pas avant le point du jour, mais si c'est la volonté de Dieu, tu la verras cette fois. N'oublie pas ma commission, » ajouta-t-elle en fondant en larmes. La voir ainsi éplorée me fit de la peine; je lui demandai quelle était cette com-

mission dont elle me parlait; elle me dit :
« Quand tu la quitteras, répète-lui les deux vers
que je t'ai récités. »

Le cœur joyeux, je courus au jardin; veiller
m'était facile; cependant la nuit me parut plus
longue qu'une année. Déjà le jour commençait à
poindre, les coqs chantaient, quand j'entendis
un bruit dans le lointain. C'était elle. Dix belles
esclaves l'accompagnaient; elle brillait au milieu
de cet essaim comme la pleine lune au milieu
des étoiles. Elle était vêtue de satin vert brodé
d'or.

En me voyant, elle sourit et me dit : « Comment donc as-tu fait pour résister au sommeil ?
Maintenant me voici convaincue que tu es un
véritable amoureux, car la passion tient les
amoureux éveillés toute la nuit. »

Elle se tourna vers ses esclaves et leur fit un
signe. Aussitôt elles sortirent. Puis l'inconnue
vint à moi, me serra sur son cœur et m'embrassa. Et je restai près d'elle jusqu'au matin.

Au moment du départ, elle me dit : « Attends,
je veux te donner quelque chose. Elle déplia une
toile, et en tira ce mouchoir où sont brodées
les deux gazelles, après quoi elle me fit promettre

de revenir chaque soir. Je la quittai ivre de joie, et dans mon enivrement je ne pensai plus aux deux vers qu'Aziza m'avait chargée de réciter.

Au logis je trouvai ma cousine couchée sur le divan, mais en me voyant elle se leva, les yeux humides, vint à moi, m'embrassa la poitrine, et me dit : « As-tu récité les deux vers?

— Non, répondis-je, je l'ai oublié. Ce mouchoir brodé en est la cause; » et je le jetai à ses pieds.

Elle fit quelques pas, puis retomba sur le divan, et se mit à fondre en larmes : « O fils de mon oncle, dit-elle, donne-moi ce mouchoir. » Je le lui donnai, elle l'ouvrit, et regarda les deux gazelles.

Et quand vint le soir, elle dit : « Va et que Dieu te protége, mais quand tu la quitteras, récite-lui les vers que te t'ai appris et que tu as oubliés.

— Répète-les-moi, lui dis-je; » elle me les répéta.

Dans la salle du jardin je trouvai la sultane qui m'attendait. A mon approche elle se leva, puis elle m'embrassa, me fit asseoir près d'elle, et nous soupâmes ensemble. Le matin, je lui récitai les deux vers d'Aziza :

> Écoute une voix qui tremble et t'implore,
> Que doit faire un cœur que l'amour dévore?

Elle me regarda, ses yeux se remplirent de larmes, et elle dit :

> Il faut se taire, il faut souffrir,
> C'est la marque du vrai courage!

Heureux d'avoir fait ce que désirait ma cousine, je rentrai d'un pas léger à la maison. Aziza était couchée; à son chevet était ma mère, qui la regardait tristement. Et quand j'approchai du divan, ma mère me dit : « Malédiction sur un parent tel que toi! comment peux-tu laisser ta cousine ainsi malade, et ne pas t'inquiéter de ce qu'elle souffre? »

Mais, en me voyant, Aziza leva la tête, se mit sur son séant et me dit : « Aziz, lui as-tu répété mes deux vers?

— Oui, répondis-je, et en les entendant, elle a pleuré, et m'a dit deux autres vers que j'ai gardés dans ma mémoire.

— Récite-les-moi, » dit-elle.

Quand j'eus fini, elle sanglota et s'écria :

> Mais s'il est près de se trahir ?
> S'il ne peut souffrir davantage ?
> Faut-il parler ?

« Aziz, ajouta-t-elle, répète-lui ces vers quand tu la quitteras demain. » Je répondis : « J'entends et j'obéis. »

Je courus au jardin comme la veille. Au matin, je récitai à la sultane les vers de ma cousine. Elle me regarda, ses yeux se remplirent de larmes, et elle dit :

> Mieux vaut mourir.

A mon retour, je trouvai ma cousine évanouie. Ma mère la veillait. En entendant ma voix, Aziza revint à elle, elle ouvrit les yeux et me dit : « Aziz, lui as-tu répété mes vers ? » Quand elle connut la réponse de la sultane, elle s'évanouit de nouveau ; mais, aussitôt qu'elle eut repris ses sens, elle dit :

> J'obéis et je meurs. Salut, toi que j'envie,
> Tu m'as pris mon trésor, mon bonheur et ma vie.

Je ne manquai pas au rendez-vous du jardin. La sultane m'attendait, nous soupâmes ensemble.

Le matin, près de partir, je lui récitai les deux vers de ma cousine. Elle poussa un grand cri, elle se mit à trembler et s'écria : « Par Allah ! celle qui a dit ces vers est morte. » Puis elle pleura et me dit : « Malheur à toi ! celle qui a récité ces vers n'est-elle pas ta parente ?

— C'est la fille de mon oncle, répondis-je.

— Tu mens, répliqua-t-elle ; si elle avait été la fille de ton oncle, tu l'aurais aimée autant qu'elle t'aimait. C'est toi qui l'as tuée, puisse Dieu te faire périr de la même façon ! Par Allah ! si tu m'avais dit que tu avais une cousine, je ne t'aurais pas reçu dans ma maison.

— C'est pourtant ma cousine, répondis-je. C'est elle qui m'a expliqué tous les signes que tu m'as faits ; c'est elle qui m'a appris comment je devais me conduire avec toi ; c'est grâce à elle que je suis parvenu jusqu'à toi.

— Elle connaissait donc notre amour ? demanda-t-elle.

— Sans doute, répondis-je.

— Eh bien, dit-elle, puisse Allah te faire pleurer ta jeunesse comme ta cousine a pleuré la sienne, et par ta faute ! Sors maintenant, et va la voir. »

Je partis fort troublé. En entrant dans notre rue j'entendis des gémissements et des lamentations. Je demandai ce qui était arrivé; on me répondit qu'on avait trouvé Aziza étendue par terre et morte. En me voyant, ma mère s'écria : « La mort de cet enfant est sur ta tête; puisse Dieu ne jamais te pardonner ce sang innocent ! Malédiction sur un parent tel que toi! »

Mon père entra, nous préparâmes le corps pour la sépulture. On fit la cérémonie funèbre; nous enterrâmes la pauvre Aziza, et je me chargeai de faire réciter le Coran tout entier sur sa tombe. Trois jours entiers nous restâmes auprès d'elle, après quoi je rentrai à la maison tout affligé de la perte de ma cousine.

Et ma mère me dit : « O mon fils, je voudrais savoir ce que tu lui as fait pour lui briser le cœur. Je lui demandais sans cesse la cause de sa souffrance, elle n'a jamais voulu me la confier. Par Allah! je te conjure de me dire ce que tu lui as fait pour la tuer.

— Je n'ai rien fait, répondis-je.

— Que Dieu la venge en te punissant! répliqua ma mère. La pauvre enfant ne m'a rien dit, elle m'a caché la vérité jusqu'à son dernier soupir, gardant toujours son affection pour toi. J'étais près d'elle quand elle est morte. Elle a ouvert une dernière fois les yeux pour me dire : « O femme de mon oncle, puisse Dieu ne pas demander compte de mon sang à ton fils! Allah lui pardonne ce qu'il m'a fait! Et maintenant que Dieu me transporte de ce monde périssable dans l'éternité! »

Je lui dis : « O ma fille, que Dieu te conserve et qu'il conserve ta jeunesse. » Et je lui ai demandé la cause de sa maladie, mais elle n'a pas répondu.

Un peu après, elle a souri, et elle m'a dit : « O femme de mon oncle, si ton fils veut retourner dans le lieu qu'il fréquente, dis-lui qu'avant d'en sortir il répète cette phrase : *La fidélité est noble, la trahison est basse*; je l'ai servi durant ma vie, je veux encore lui être utile après ma mort.

— Ta cousine, continua ma mère, m'a laissé quelque chose pour toi, mais elle m'a fait jurer de ne te remettre ce dépôt que lorsque tu pleurerais et regretterais vraiment sa mort. Quand tu en seras là, je te confierai ce dernier souvenir.

— Montre-le-moi, dis-je à ma mère; » mais elle refusa d'en rien faire.

Malgré la mort d'Aziza, je ne songeais qu'à ma passion, j'étais fou; j'aurais voulu passer les jours et les nuits auprès de ma bien-aimée. Le soir était à peine venu que je courus au jardin. J'y trouvai la sultane, qui brûlait d'impatience. Aussitôt qu'elle me vit, elle me sauta au cou et me demanda des nouvelles de ma cousine.

« Elle est morte, lui dis-je; nous avons rempli les rites et fait la récitation du Coran. Quatre nuits ont passé depuis sa mort; celle-ci est la cinquième.

— Ne t'avais-je pas dit que tu la tuerais? s'écria-t-elle en sanglotant. Si tu m'avais parlé plus tôt, je lui aurais témoigné toute ma reconnaissance pour ses bontés; car, sans elle, tu ne serais jamais venu jusqu'à moi. Je crains que ce malheur n'attire sur toi quelque désastre.

— Non, répondis-je, elle m'a pardonné avant de mourir. »

Je lui racontai ce que ma mère m'avait dit; sur quoi elle s'écria : « Par Allah! je t'en conjure, demande à ta mère quel est ce dépôt.

— Ma mère, continuai-je, m'a confié qu'avant de mourir, ma cousine l'a chargée de me dire les paroles suivantes : « Si ton fils veut retourner dans le lieu qu'il fréquente, dis-lui qu'avant d'en sortir il répète cette phrase : *La fidélité est noble, la trahison est basse.* »

En entendant ces mots, la sultane s'écria : « Que Dieu (dont le nom soit exalté!) ait pitié d'elle ! elle t'a sauvé de mes mains. J'allais me venger sur toi, mais à présent je ne veux ni te toucher ni t'inquiéter. »

Tout étonné de ces paroles, je dis à la sultane : « De quelle vengeance parles-tu ? Est-ce que nous ne sommes pas unis par un amour mutuel ? »

Elle me répondit : « Tu m'es dévoué, mais tu es jeune, ton cœur ne connaît pas l'imposture ; tu ne sais pas quelle est la malice et la perfidie de nous autres femmes. Si Aziza était encore dans les liens de la vie, elle t'aiderait ; c'est elle qui te sauve de la mort.

« Et maintenant, ajouta-t-elle, je t'ordonne de ne jamais parler à une femme, ni jeune, ni vieille. Prends garde, prends garde, tu ne connais rien aux ruses des femmes; celle qui t'expliquait tout est morte, et si tu tombes dans un piège, personne désormais ne viendra t'en tirer.

« Oh! combien je pleure la fille de ton oncle ! Que Dieu (dont le nom soit exalté!) ait pitié d'elle!

Car elle a caché son secret, elle n'a pas révélé ce qu'elle souffrait et sans elle tu ne serais jamais venu jusqu'à moi.

« Et maintenant j'ai un service à te demander. Conduis-moi où elle repose, je veux la visiter dans son tombeau, je veux écrire quelques vers sur la pierre.

— Demain, lui dis-je, je t'y conduirai, s'il plaît à Dieu (dont le nom soit exalté!). »

Je restai cette nuit auprès d'elle. Souvent elle me disait : « Pourquoi ne m'as-tu pas parlé plus tôt de ta cousine ! » Et je lui demandai ce que signifiait cette phrase : *La fidélité est noble, la trahison est basse;* mais elle ne me répondit rien.

Le matin elle prit une bourse qui contenait des pièces d'or et me dit : « Partons, allons visiter la tombe, j'y veux écrire des vers, y bâtir une coupole, prier pour l'âme de ta cousine et faire des aumônes à son intention. » Je répondis : « J'entends, et j'obéis. »

Je marchais devant elle. Souvent elle s'arrêtait le long du chemin pour faire l'aumône et chaque fois elle disait : « Cette aumône est pour l'âme d'Aziza, qui a caché son secret jusqu'à ce qu'elle ait bu la coupe de la mort, et qui n'a pas révélé son amour. » Elle épuisa ainsi toute sa bourse en aumônes, répétant toujours : « Pour l'âme d'Aziza. »

Une fois arrivée, elle fondit en larmes et se jeta sur la tombe. Puis elle prit une pointe d'acier et un petit maillet, s'approcha de la pierre qui était debout sur la tombe, et y grava elle-même, en petits caractères, les vers suivants :

> J'ai vu ce jardin délaissé
> Ces fleurs que personne n'arrose,
> Et j'ai crié : « Qui donc repose
> Sous ce tombeau morne et glacé? »
> Et la terre a dit : « Patience!
> Respecte en son dernier séjour,
> Celle qui mourut en silence
> Sainte victime de l'amour.
> Qu'importe aux heureux ceux qui pleurent!
> Qu'importe aux vivants ceux qui meurent! »
> J'ai dit : « Pauvre âme, pauvres fleurs,
> Que le monde entier vous oublie;
> Je suis là du moins, et je prie
> En vous arrosant de mes pleurs! »

Quand elle eut fini son travail, elle pleura de nouveau, se leva et partit. Je retournai avec elle au jardin, elle me dit : « Je t'en conjure, par Allah, ne m'oublie jamais. » Je répondis : « J'entends et j'obéis. »

Tous les soirs je revenais près de ma bien-aimée, elle me traitait toujours avec bonté, et me faisait souvent répéter la phrase qu'Aziza avait dite à ma mère. Heureux d'être aimé, sans souci, sans inquiétude, je jouissais de cette vie délicieuse, je devenais gros et gras, et je ne pensais guère à ma cousine.

Je passai toute une année ainsi noyé dans les plaisirs. Un jour de fête où j'avais mis mes plus beaux habits, j'entrai au bain, j'en sortis plus heureux et plus gai encore que de coutume. J'avais bu du vin de Schiraz, je me sentais le cœur léger, le parfum de mes habits m'enivrait, et je me demandais s'il était au monde un mortel plus fortuné que moi.

En me rendant chez ma bien-aimée, je me trompai de rue, le vin de Schiraz m'était monté à la tête et m'avait fait perdre mon chemin. Comme je cherchais à m'orienter, une vieille femme vint à moi, tenant d'une main une lumière et de l'autre une lettre pliée. Je m'approchai ; elle me dit la larme à l'œil : « Mon fils, sais-tu lire ? — Oui, ma vieille tante, répondis-je. — Prends donc cette lettre, me dit-elle, et lis-la-moi. »

Je pris la lettre, je l'ouvris et je lus. C'était un absent qui envoyait des compliments à ceux qu'il aimait. La vieille se réjouit de ces bonnes nouvelles et s'écria, en forme de prière : « Mon fils, que Dieu dissipe tes ennuis comme tu as dissipé les miens ! »

Elle prit alors la lettre et s'éloigna de quelques pas, mais bientôt elle revint à moi, et, me baisant la main, elle me dit : « O mon seigneur, que Dieu (dont le nom soit exalté !) te permette de jouir de ta jeunesse et qu'il écarte de toi l'infortune ! Je te prie de venir avec moi jusqu'à cette porte ; je leur ai dit ce qu'il y a dans la lettre, mais ils ne veulent pas me croire ; sois assez bon pour faire deux pas, tu leur liras la lettre, de ce côté-ci de la porte, et je prierai pour toi.

— De qui donc est cette lettre ? demandai-je.

— Mon enfant, reprit-elle, cette lettre vient de mon fils, qui nous a quittés il y a tantôt dix ans. Il était parti avec des marchandises, mais depuis son départ nous n'avions point reçu de ses nouvelles et nous désespérions de son retour. Voici cette lettre qui nous rassure. Mais mon fils a une sœur qui depuis dix ans le pleure nuit et jour, j'ai eu beau lui dire qu'il était en santé et prospérité, elle ne veut pas me croire, et me répond : « Amène-moi quelqu'un qui me lise cette

« lettre, afin que mon cœur soit soulagé et mon
« esprit rassuré. » Tu sais, mon enfant qu'on s'inquiète toujours quand on aime ; oblige-moi donc de lire de ce côté-ci du rideau, on t'entendra de la maison, et tu mériteras la récompense que nous a promise l'apôtre de Dieu (que Dieu le favorise et le conserve !) quand il a dit : « Quiconque
« chasse de l'esprit d'une personne affligée une
« des inquiétudes de ce monde, Dieu l'en récom-
« pense en lui ôtant de l'esprit une des inquiétu-
« des du monde à venir. » Et une autre tradition nous dit : « Quiconque chasse de l'esprit de son
« frère une des inquiétudes de ce monde, Dieu l'en
« récompensera en lui ôtant de l'esprit soixante-
« douze inquiétudes au jour de la résurrection. »
Et maintenant, mon fils, je t'en prie, ne trompe pas mon espoir. »

Je répondis : « Marche, je te suis. »

Elle passa devant moi et me mena à une grande porte toute garnie de cuivre. Elle appela en persan ; aussitôt une jeune fille vint à nous d'un pas léger et rapide. Elle était vêtue comme une femme occupée à ranger dans la maison. Ses caleçons étaient retroussés jusqu'aux genoux, je vis deux jambes dont la beauté ravissait le cœur et les yeux. On eût dit de deux colonnes d'albâtre. Elle portait à la cheville des anneaux d'or, avec des pierreries incrustées. Ses manches étaient relevées jusqu'au coude; elle avait deux bracelets à chaque poignet; des boucles d'oreilles en perles et un collier de diamants. Sur la tête elle portait une coiffe de forme nouvelle, toute parsemée de rubis. Elle était charmante.

En m'apercevant, elle dit d'une voix dont rien ne peut égaler la douceur : « Ma mère, est-ce la personne qui vient pour lire la lettre? » Et sur la réponse de la vieille, elle me tendit la main avec le papier.

Comme elle se tenait à quelque distance de la porte, j'allongeai le bras pour prendre la lettre, ma tête et mes épaules dépassaient le seuil. Je tenais le billet, quand tout à coup, sans me laisser le temps de me reconnaître, la vieille butant sa tête contre mon dos, me poussa dans le vestibule, et, plus rapide que l'éclair, ferma la porte derrière nous.

Je n'étais pas revenu de ma surprise, que déjà la jeune fille s'était approchée de moi, et m'avait serré sur son cœur. Puis elle me prit par la main malgré ma résistance, et me força de la suivre.

La vieille marchait devant nous, pour nous éclairer. Quand nous eûmes traversé sept vestibules, nous arrivâmes dans un salon si vaste, que des cavaliers auraient pû y jouer à la paume. Les murs en étaient d'albâtre, tous les meubles y compris les coussins étaient de brocart. Il y avait deux bancs en bronze et un sofa tout garni de perles et d'émeraudes. C'était le palais d'un roi.

Alors, la jeune fille me dit : « Aziz, qu'aimes-tu mieux : la vie ou la mort? — La vie assurément, répondis-je. — Eh bien, dit-elle, si tu tiens à vivre, épouse-moi. — Non certes, m'écriai-je, je ne veux pas épouser une femme telle que toi. — Aziz, reprit-elle, si tu m'épouses, tu n'auras plus à redouter la fille de la rusée Dalila. — Qu'est-ce que la fille de la rusée Dalila? demandai-je. »

Elle se mit à rire et me dit : « Quoi! tu ne la connais pas, toi, qui depuis un an et quatre mois, la vois tous les jours! Que Dieu (dont le nom soit exalté!) la confonde! Il n'y a pas de femme plus perfide. Que de gens elle a déjà tués! Que n'a-t-elle pas fait? Comment as-tu échappé à sa fureur?

Tout étonné, je dis à la jeune fille : « Comment la connais-tu ?

— Je la connais, répondit-elle, comme la vieillesse connaît ses propres misères. Mais conte-moi tout ce qui s'est passé entre vous deux, je veux savoir à quoi tu dois ton salut. »

Je lui dis toute mon histoire et toute celle de ma cousine Aziza. Plus d'une fois en m'écoutant la jeune fille s'écria : « Que Dieu ait pitié d'elle ! » Elle pleura, elle tordit ses mains en entendant le récit de la mort d'Aziza, et elle me dit : « Aziz, remercie Dieu ! C'est ta cousine qui t'a protégé contre la fille de la rusée Dalila ; sans elle tu serais mort. »

Après cela, elle frappa des mains, et cria à la vieille : « Ma mère, fais entrer ceux qui sont avec toi. » La vieille entra avec quatre témoins, et elle alluma quatre flambeaux. Les témoins s'assirent après m'avoir salué. La jeune fille se couvrit d'un voile, et chargea un des témoins de la représenter au contrat. On rédigea l'acte, Fatma (j'appris alors le nom de ma femme), déclara qu'elle avait reçu par avance son douaire tout entier, et qu'elle me devait dix mille pièces d'argent. Puis elle donna aux témoins leurs honoraires, et les congédia.

Le lendemain je voulus sortir, elle s'approcha de moi en riant et me dit : « Crois-tu qu'on sort du bain comme on y entre? Tu t'imagines peut-être que je ressemble à la fille de la rusée Dalila? Chasse au plus vite cette idée. Tu es mon mari suivant le Coran et le Sonnah ; si tu t'es laissé enivrer, il est temps de revenir à la raison. Cette maison ne s'ouvre qu'une fois l'an ; va à la porte de la rue, et assure-toi de ce que je te dis. »

C'était la vérité, la porte était fermée et clouée. « Ne t'inquiète de rien, Aziz, me dit ma femme, nous avons ici en provision pour plusieurs années de la farine, du riz, des fruits, des grenades, du sucre, de la viande, de la volaille; mais sois convaincu que tu ne sortiras pas d'ici avant qu'un an soit écoulé. — Il n'y a de force et de pouvoir qu'en Dieu, m'écriai-je. » Elle rit, j'en fis autant, je me résignai à faire la volonté de ma femme, et je restai auprès d'elle toute une année.

Au jour dit, on ouvrit la porte. Je vis entrer dans la maison des hommes chargés de gâteaux, de farine et de sucre ; je voulais sortir, ma femme me dit : « Attends jusqu'à la tombée du jour, tu sortiras à l'heure où tu es entré. » J'attendis, mais au moment de partir, mon cœur tremblait, mes jambes fléchissaient. Fatma me dit : « Par Allah ! je ne te laisserai pas sortir que tu ne m'aies juré de rentrer ce soir avant que la porte soit fermée. » Je lui promis de revenir à l'heure dite, et elle me fit prêter les trois serments irrévocables, par l'épée, par le Coran, par le divorce, après quoi je reçus ma liberté.

Où pouvais-je aller, sinon au jardin? La porte était ouverte; cela me fâcha. Quoi ! pensai-je, il y a un an que je ne suis venu ici, et quand j'arrive, sans être attendu, la porte est ouverte comme si j'étais parti d'hier. Est-il possible que la sultane soit encore là ? Je veux m'en assurer.

La nuit approchait, j'entrai, et dans la salle je trouvai la fille de la rusée Dalila. Elle était assise à terre, la tête appuyée sur la main. Son visage était pâle, ses yeux éteints. En me voyant elle s'écria : « Loué soit Dieu qui t'a sauvé ! » Elle essaya de se lever, mais son émotion était si forte qu'elle retomba sur le coussin. Pour moi je baissai le front, en rougissant de moi-même, mais enfin j'avançai, je l'embrassai et lui dis : « Comment savais-tu que je viendrais aujourd'hui ?

— Je n'en savais rien, répondit-elle. Par Allah! il y a un an que j'ai perdu le sommeil. Depuis le jour où tu m'as quittée en me promettant de revenir le lendemain, je suis venue ici chaque soir, t'attendant toujours ; ainsi sont faits ceux qui aiment ; mais toi, qui t'a retenu ? Dis-moi pourquoi depuis un an je ne t'ai pas vu ? »

Je lui contai mon histoire. En apprenant mon mariage, elle pâlit. — « Je suis venu ce soir, lui dis-je, mais il faut que je te quitte avant le matin. — Quoi ! s'écria-t-elle, n'est-ce pas assez pour cette femme de t'avoir épousé par ruse, et de t'avoir gardé prisonnier toute une année ? Ne peut-elle te laisser un jour auprès de ta mère ou auprès de moi ? S'est-elle demandé ce que durant une séparation si longue a ressenti celle qui te possédait avant elle ? Qu'Allah ait pitié d'Aziza ! Elle a souffert ce qu'aucune autre ne peut souffrir, elle a enduré avec patience ce qu'aucune autre ne peut endurer ; elle est morte de ton ingratitude. C'est elle qui t'a sauvé de moi. Quand je t'ai laissé la liberté, je croyais que tu reviendrais. Qui m'eût empêchée de t'emprisonner et de te tuer ? »

Disant cela, elle pleura, puis elle entra en fureur, et fixa sur moi des yeux hagards. Quand je la vis dans cet état, j'eus peur et je commençai à regarder autour de moi. Elle appela. A sa voix dix de ses femmes se jetèrent sur moi et me renversèrent sur le pavé. Dès qu'elle me vit dans leurs mains, elle se leva, prit un couteau et dit : « Je vais te tuer comme on tue une chèvre; ce sera ta récompense pour ce que tu as fait à ta cousine. »

Je me sentis perdu, j'implorai sa pitié; mais ma prière ne fit que redoubler son courroux, elle dit à ses esclaves de m'attacher les mains derrière le dos. Une fois lié, elle me fit tenir à terre, la face tournée vers elle, puis elle ordonna de me battre. Toutes ces femmes me frappèrent avec une telle furie que je perdis connaissance. En revenant à moi je murmurai : « Vraiment la mort serait moins dure que ce supplice; » et je me rappelai les paroles de ma cousine : « Dieu te préserve de la malice de cette femme! » Et je sanglottai jusqu'à ce que la voix me manqua.

Cependant elle aiguisait le couteau, et dit à ses esclaves : « Découvrez-lui la gorge. » Aussitôt deux de ses femmes s'assirent sur mes jambes, deux autres me tinrent les pieds, tandis qu'une négresse me soulevait la tête. A ce moment Dieu m'inspira de répéter la phrase que ma cousine m'avait léguée : *La fidélité est noble, la trahison est basse.* En entendant ces mots, la sultane s'écria : « Qu'Allah ait pitié de toi, Aziza ! Plût à Dieu que ta jeunesse eût été épargnée. Tu as servi à ton cousin durant ta vie et après ta mort. » Puis s'adressant à moi : « Par Allah ! dit-elle, ces mots t'ont sauvé de ma vengeance, mais tu garderas la marque de mon ressentiment. » Disant cela, elle me fit une cruelle blessure. Mon sang jaillit à flots ; je m'évanouis. Quand je revins à moi, le sang était arrêté, on me donna à boire un peu de vin, et la sultane me repoussa du pied avec mépris.

Je me levai ; c'est à grand'peine que je pus sortir du jardin, et me traîner pas à pas jusqu'à la demeure de ma femme. La porte était ouverte, je me jetai dans le vestibule. Fatma vint au-devant de moi et m'aida à gagner le salon. J'étais dans une agitation extrême, je ne sais ni ce que je dis, ni ce que je fis ; mais quand je revins à moi je me trouvai couché dans la rue, à la porte du jardin Fatma, elle aussi, m'avait chassé de la maison et de son cœur.

Il ne me restait plus que ma mère; je pris le chemin du logis paternel. Ma mère était là, toute en larmes, elle disait : « O mon fils, ne puis-je savoir où tu es? » Je me jetai à son cou, elle m'embrassa et me dit : « Tu es malade? » J'avais la figure toute jaune et noire des coups que j'avais reçus, mais ce qui me faisait souffrir en ce moment, c'était le souvenir de ma cousine. Elle avait été si bonne pour moi, elle m'avait tant aimé!

Je pleurai, ma mère pleurait aussi, et me dit : « O mon fils, ton père est mort. » A cette nouvelle mon désespoir augmenta, je pleurai jusqu'à m'évanouir; et quand je revins à moi je regardai la place où s'asseyait ma cousine, et j'éclatai en sanglots. Toute la nuit je ne cessai de gémir; ma mère vint et me dit : « Il y a dix jours que ton père est mort. — O ma mère, répondis-je, pardonne-moi, je ne pense qu'à ma cousine; j'ai mérité ce qui m'arrive en dédaignant celle qui m'aimait. »

Ma mère me demanda ce qui m'était arrivé; je lui contai ma déplorable histoire; elle me dit : « Remercions Dieu que cette femme ne t'ait pas tué! »

Il fallut songer à ma blessure. Grâce aux soins

de ma mère, je retrouvai mes forces et ma santé. Une fois rétabli, elle me dit : « Mon fils, voici le moment de te remettre le dépôt que ta cousine m'a confié. Elle m'avait fait jurer de ne te le rendre que lorsque tu la pleurerais et la regretterais sincèrement, et que tu ne penserais plus à d'autres ; je crois que ce jour est venu. »

Elle ouvrit un coffret, et en tira ce mouchoir où sont brodées les deux gazelles. C'était le mouchoir que je lui avais donné. Elle y avait écrit quelques vers où elle se plaignait de m'aimer sans retour ; elle y avait joint un billet à mon adresse qui contenait des consolations et des conseils.

En lisant ces derniers adieux d'Aziza, je sentis mon cœur se fondre. Ma mère pleurait avec moi. De tout le jour, de toute la nuit je ne pus détacher mes yeux de ce papier, de ce mouchoir qui me rappelait tout ce que j'avais perdu. Je tombai dans un accablement dont rien ne put me tirer.

Il y avait près d'un an que je languissais quand des marchands de la ville préparèrent une caravane ; ma mère m'engagea à me joindre à eux.

« Peut-être, me dit-elle, un voyage adoucira-t-il ton chagrin. Tu resteras absent un an, deux ans, trois ans peut-être, longue absence pour moi, mais quand tu reviendras, tu seras guéri. »

J'ai suivi le conseil de ma mère; voilà pourquoi je suis ici avec cette caravane; mais le voyage n'a pas séché mes larmes. A chaque station je prends ce mouchoir, je le regarde, je pense à ma cousine et je pleure en songeant à celle qui m'a tant aimé, à celle que mon ingratitude a tuée. Je ne lui ai fait que du mal, elle ne m'a fait que du bien.

Telle est mon histoire, seigneur, voilà ce qui m'est arrivé. Que la paix soit avec toi !

Taj-el-Molouk était jeune, il était amoureux, le récit d'Aziz lui alla droit au cœur. Il se leva, embrassa le jeune marchand et lui dit : « O mon frère, désormais je ne puis me séparer de toi. — Et moi, Seigneur, répondit Aziz, je désire mourir à tes pieds; mais, ô mon frère, mon cœur est troublé quand je pense à ma mère. »

Et le prince lui dit : « Mon frère, tu as l'expérience de la vie, j'ai besoin de tes conseils.

Aide-moi à conquérir ma bien-aimée. Quand mes vœux seront remplis tout ira bien pour toi. »

C'est ainsi qu'Aziz s'attacha au prince Taj-el-Molouk, et partit avec lui pour les îles du Camphre, à la poursuite de la princesse Dunia.

FIN.

TABLE DES MATIÈRES

		Pages.
Préface de la deuxième édition.		1
Dédicace.		1
Prologue.		3
Chap. I.	La Joie de la maison.	5
Chap. II.	L'Horoscope.	15
Chap. III.	L'Éducation.	24
Chap. IV.	Une Reconnaissance.	42
Chap. V.	Le Nouveau Salomon.	52
Chap. VI.	La Vertu récompensée.	72
Chap. VII.	Barsim.	86
Chap. VIII.	Le Juif.	96
Chap. IX.	Les Puits de Zobéyde.	107
Chap. X.	Feuille de cuivre.	113
Chap. XI.	Les Jardins d'Irem.	119
Chap. XII.	Les Deux frères.	123
Chap. XIII.	La Caravane.	129
Chap. XIV.	Cafour.	133
Chap. XV.	Histoire du sultan de Candahar.	141
Chap. XVI.	L'Attaque.	146

TABLE DES MATIÈRES.

		Pages.
Chap. XVII.	La Sultane.	158
Chap. XVIII.	Feuille d'argent.	166
Chap. XIX.	Le Secret.	172
Chap. XX.	La Patience du renard.	170
Chap. XXI.	L'Enchère.	195
Chap. XXII.	L'Arrivée.	208
Chap. XXIII.	Kara-Chitan.	214
Chap. XXIV.	L'Hospitalité.	220
Chap. XXV.	Feuille d'or.	227
Chap. XXVI.	Le Retour.	239
Chap. XXVII.	Léila.	245
Chap. XXVIII.	La Vengeance.	252
Chap. XXIX.	Feuille de diamant.	259
Chap. XXX.	Le Bonheur d'Omar.	265
Chap. XXXI.	Deux Amis.	276
Chap. XXXII.	Conclusion.	279
Chap. XXXIII.	Épilogue.	283
Aziz et Aziza.		285

www.ingramcontent.com/pod-product-compliance
Lightning Source LLC
Chambersburg PA
CBHW050314170426
43202CB00011B/1891